到自由之路

新青年丛书

黄乔生　张远航　主编

中央编译出版社
CCTP Central Compilation & Translation Press

图书在版编目（CIP）数据

到自由之路 / 黄乔生，张远航主编．-- 北京：中央编译出版社，2025.3
（新青年丛书）
ISBN 978-7-5117-4424-1

Ⅰ．①到… Ⅱ．①黄… ②张… Ⅲ．①政治思想史—英国—近代 Ⅳ．① B561.54

中国国家版本馆 CIP 数据核字 (2023) 第 088927 号

到自由之路

责任编辑　张　科
责任印制　李　颖
出版发行　中央编译出版社
地　　址　北京市海淀区北四环西路 69 号（100080）
网　　址　www.cctpcm.com
电　　话　（010）55627391（总编室）　（010）55627312（编辑室）
　　　　　（010）55627320（发行部）　（010）55627377（新技术部）
经　　销　全国新华书店
印　　刷　北京盛通印刷股份有限公司
开　　本　797 毫米 ×1094 毫米 1/16
字　　数　113 千字
印　　张　14.75
版　　次　2025 年 3 月第 1 版
印　　次　2025 年 3 月第 1 次印刷
定　　价　1280.00 元（全 8 册）

新浪微博：@ 中央编译出版社　　微　信：中央编译出版社（ID：cctphome）
淘宝店铺：中央编译出版社直销店（http://shop108367160.taobao.com）（010）55627331

本社常年法律顾问：北京市吴栾赵阎律师事务所律师　闫军　梁勤
凡有印装质量问题，本社负责调换，电话：（010）55627320

新青年叢書第五種

到自由之路

英國羅素著

李季
黃凌霜
雁冰
譯

到自由之路序

這部書之目的，是要將好些卷數才能夠討論完畢的一種議論，縮短作一卷講完。此書成於一九一八年四月，在入獄之前幾日。當時沒有幾個人敢預言此次大戰必於新年之前告終。和平既出現，於是改造問題便愈加緊要了。作者對於大戰前志在根本的經濟改革之各種主義的發生和範圍，已經略微考究了一番。這些主義起初是以歷史的方法考察的，後來才加以評論，內中雖沒有一種主義可以完全採納，然他們對於我們願意創造之未來社會的圖樣，却都有一點貢獻。

這部書之歷史的部分，得了我友科仙士(Mr, Filderic Cousens)君的幫助很多，因爲有好些問題，我自已沒有功夫去詳細調查，都由科君以種種事實供給我作爲材料。

一千九百十九年一月，羅素序于倫敦。

目錄

緒論　一

第一部　歷史的

I. 馬克思和社會主義的教義　一三

II. 巴枯甯和無政府主義　四三

III. 工團主義者的革命　七三

第二部　未來之問題

IV. 工作與報酬　一〇一

V. 政府和法律　一二五

VI. 國際關係　一五三

VII. 在社會主義之下的科學和藝術　一七七

VIII. 能夠造成的世界　一九九

到自由之路

緒論 Introduction

想像一種組織完善的人類的社會，比較人類向來所生存之富於破壞性和暴行的渾濁世界，更加優美，這樁事並不是近世才發生的：他至少在柏拉圖（Plato）之時就出現了，柏氏所著的『共和國』是後世哲學家的烏託邦之模範。 無論什麼人如果以一種理想為標準去考察世界——不論他所要求實現的是智慧，或是藝術，或是愛情，或是渾樸的快樂，或兼有以上各點——他對於人類並非不能免去的種種罪惡，必非常悲悼，倘若他是一個精力很強壯的人，他的心中一定抱一種急切的志願，要引導人類向實現善良境遇的途逕走，這就是鼓勵他創造理想界的原動力。 近代社會主義和無政府主義的開創者，以及古代理想共和國的發明家，都是以這種志願為他們的行動之主力。 關於這一點，並沒有什麼新奇。 社會主義和無政府主義的新奇，就是這理想和人類現在所受的痛苦，有密切的關係，因此孤獨的思想家之希望，能夠發生[illegible]種有力的政治運動。　社會主義和無政府主義所以見重於世，就在這一點；而一般蕃殖於我們現社會之罪惡上面的人，無論他們這種行爲是不知不覺的，或是已知已覺的，都覺得社會主義和無政府主義對於他們是很危險的，也就在這一點。

大多數男子和婦女，一生對於他們自已的景況，或世人的景況從來沒有加以思考或批評他們只覺得自己處於社會中某種地位，對於每天所常見的事物，深信不疑，他們的思想之範圍，總不出當時所需要的東西之外。　他們只求目前的需要，能夠滿足，沒有什麼預先的籌畫，差不多和野獸一般，一以本能 (Instinct) 爲主；他們不知道他們的全部生活狀況，是能夠以適當的努力去加以改變的，　有好些人爲個人的野心所激動，努力去運用他們的心思才智，然結果不過使他們自己加入社會中享幸福者之間罷了；至於眞心要想把他們自己所得到的利益，使大家都能夠得到，都能夠享受，這種人在他們中間，是極少的。　世間只有少數非常的人，對於人類具有一種博愛之心，因此，他們看見世間許多罪惡和痛苦，不論和他們自己的生活有無關係，他們總是不能忍耐的。　此等少數人爲一種同情的痛苦 (Sympathetic pain) 所驅策，起初就運用他們的思想，後來乃實行動作，去尋一條逃避的道路，找出一種社會之新制度，使人類的生活，比現在要豐足些，快樂些，而又更少種種阻礙進步的罪惡。 但是在過去的時代中，這種人對於自己願意拯救的受害之人，大概沒有引起他們的同情。 他們這些不幸的人既無知識，又因勞動過度，疲敝不堪，沒了感覺，並且因怕受有權力者懲罰之危險，心中非常怯懦，還有一層，他們因墮落的結果，失去自尊之心，以致在道德方面，也不可信賴。 在這種階級裏面，要想着手改良，使他們自己留心於任何種有覺悟的和周密的努力，似乎是一種毫無希望的事，在過去的各時代中，這樁事大半的確是如此的。但是到了近世，因工人教育之進步，和生活狀況之改良，已經產生種種新環境，而這種種環境對於根本改造的要求，比較從前，要順利些。 現在全體社會主義者和一部分無政府主義者（後者以鼓吹工團主義的人爲主）。 已經成爲這種要求之代表了。

社會主義和無政府主義最著的特點，是在使一種蔓延很廣的民衆運動，和要求實現較好的世界之種種理想結合起來。 這些理想起初是由孤獨的著作家用心構成的，然工人階級中各有力的黨派在實行做事之時，已經採納這些理想，作為他們的方針了。社會主義為工人階級所採納，這是顯然無疑的；但是講到無政府主義為他們所採納，那就當加以幾分限制才是眞的。無政府主義本來不是一種很通行的信條；他不過因變形成為一種工團主義，才得到大家之信仰。工團主義和社會主義及無政府主義不同，他原來不是一種理想的產物，不過是一種組織的結果罷了：起初有一種同業聯合(Trade union)組織之事實出現，而工團主義之理想，就是法國許多進步更快的同業聯合所認為與這種組織相符合的理想。但工團主義的理想，大概是由無政府主義得來的，而一班傳播這種理想之人，多半是些無政府主義者

因此我們可以把工團主義看做一種市場的無政府主義(Anarchism of the market-place)，這是對孤獨的個人之無政府主義(Anarchism of isolated individuals)而言，後一種無政府主義在前幾十年中，已經是操一種漂流不定的生涯。我們有了這種觀察，我們便覺得在無政主義的工團主義（Anarchist-Syndicalism)中，有一種理想和組織的聯合，這就和我們在各社會主義的政黨中所看見的聯合是相同的。我們對於這幾種運動將開始研究，而我們的觀察

點就如上所述的。

近世的社會主義和無政府主義，發源於馬克思和巴枯甯兩個主要人物，他們兩人一生互相爭鬥，而他們在第一國際工人協會所起的衝突，要算是爭鬥中的一個頂點了。我們對馬巴兩人，將起首研究——起初研究他們的學說，然後研究他們所創造的或鼓勵的種種組織體。這樣的研究將使我們涉及近來社會主義的傳播，涉及工團主義反對社會主義注重國家和政治行動所起的革命，並且涉及法國以外的某幾種運動，因爲這幾種運動和工團主義是有幾分相似的——這幾種運動中最著的是美國的I. W. W.（譯者按I. W. W.就是世界產業的工人會(Industrial workers of the world)的省稱。）和英國的行會社會主義(Guild socialism)。我們於完畢這種歷史的考察之後，將研究將來幾種極關緊要的問題，並且將試爲决定，倘若社會主義者或工團主義者的目的達到之後，世界在那幾方面要更加安樂些。

我個人的意見——我可以於起首時就表明出來——是，純粹的無政府主義雖是一種終極的理想，而社會的進程雖是繼續向着他走的，然這種主義現在却不能夠實行，就是見諸實行，至多也不過存在一二年罷了。　反之，馬克思社會主義和工團主義雖有好些缺點，然據我看來，可以造成一種世界，比較我們現在所生存的世界，要完善些，安樂些。　然這兩種主義中無論那一種主義，我却不把他當做一種最切實用的制度。　我恐怕馬克思社會主義使國家所握之威權太大，而工團主義志在廢除國家，我以爲他一定會覺得要制止各種生產團體之互相競爭，不得不重建一種中央的權力機關。　據我的意見，世間最切實用的制度就是行會社會主義的制度，因爲這種主義在各業中採一種聯盟主義制(A system of federalism)，他所持的理由就和現今慫恿各國聯盟所持的理由是相同的，因此他就把國家社會主義者之要求，和工團主義者對於國家之防閑，都一起容納了。　以上各種結論的理由，將於以下各章中表明出來。

當我們研究利於根本改造之最近各種運動的歷史以前，我們可以費一點功夫去考察人性中幾種特點，因爲這幾種特點是大多數政治理想家所同具，而爲普通一班人所誤會的，至於他們誤會的原因，並不僅因成見，還有別的理由。　我對於這些理由，願意加以極公平的判斷，指出爲什麼他不應當有活動之餘地。

大概各種很進步的運動之首領，都是些絲毫不自私自利的人，我們一考究他們生平的事業，便覺得這是顯然無疑的。　他們的才能，和許多崛起而據高位，握大權的人，是相等的，然他們自已既不置身於握掌當時國家大權之列，又不貪貨財，邀時譽。　凡人有能力足以得到榮華富貴，而做事又和求榮華富貴者一樣耐苦，畢竟詳思細考，另取一種途徑，因此遂不能得到榮華富貴，這種人一定不是爲自已謀幸福；必另有一種目的；他們一生中無論有什麼自謀利益之事參雜其間，然他們做事之根本動機，總是超乎自已之外的。　一班社會主義；無政府主義，和工團主義之開創者，對於牢獄，放逐，和窮困等境遇，大半都是親身經歷過的，他所以受這種痛苦，只因他們不肯拋棄他們宣傳事業之緣故；他們這種行爲，足以表示他們所懷抱的希望，不是爲他們自已謀幸福，但是爲人類全體謀幸福。

他們這種人爲人類謀幸福之志願，固然決定了他們一生所行所爲的途徑，然在他們的言詞和著作中，他們的憤恨心比他們的愛心，時常是更加顯明些。　凡急燥的理想家——一個人如果缺乏急燥性，將不能有所作爲—當努力爲世界謀幸福之時，如果遇了反對和失望之事，一定會發生一種憤恨之心。　他的動機如果是很純潔，他的主義如果是很眞實，而他的學說畢竟不爲人所容納，那麽他一定是非常憤恨的。他對於大多數人之無感覺，和專門擁護現制度者之激烈反對論，必能以一種哲學的容忍態度對付之。　但是他對於一班抱同一改良社會志願而不承認他的方法能達到這種目的的人，一定不能夠原諒。　他具有一種極大的誠心，故能使他因自己所抱的信條而抵抗外來的迫害，然因此他遂以爲這種信條是很光明的，如果有一個思想家不承認這種信條，他一定不是一個忠厚的人，他一定是爲一種邪惡的動機所鼓蕩，想背叛這種主張。　於是黨派的精神就發生了，那種苛刻褊狹的正宗派既起，他便成爲一班堅守一種不通行的信條者之毒物了。　然世間既有許多眞正引誘物出現，引誘人家背叛他們的主義，那麽，各首領中發生一種疑忌之心，也是出乎自然的。　各首領所懷抱之野心，雖於行爲之選擇加以糾正，然他一定於一種新形態之中，表現出來：他們的野心，就是想做智識界的主人翁，想握自己一派中無上的威權。　有了這些原因，遂發生一種結果，就是一般主張激烈改革的人們自己分爲好些互相對峙的黨派，互相怨恨，互相排擠，彼此各以受警察當局賄買之罪名相加，如果有什麼演說家或著作家是他們所讚賞的，他們就要求他聽從他們的成見，使他的學說都供他們的信仰所驅使，以爲世間確切不移的眞理，只能在他們的信條範圍之內尋找出來。 我們如果略微加以注意，便覺得這種心理所生的結果如下：凡志在替人類謀幸福而曾經受過大犧牲之人，做事之動機，大半不是由於愛心，但是由於憤恨心。 他們因爭正宗，遂致竭智盡能，以死力相持。 有了這種原因，又加以經濟上的成見，遂使一班『智識派』(Intellectuals)無論對於那些很激烈的改革家之主要目的，和他們的黨綱十分之九，如何表示同情，總不願和他們實行通力合作。

那些激烈的改革家爲平常人所判斷錯誤的第二個理由，就在他們從外面去考察現社會，而對於社會制度存一種仇視之心。 他們比較別人，雖大半更相信人類之本性適合於一種善良的生活，然他們却深知由現制度所生的暴行和壓迫等事，遂留下一種完全錯誤的印象，發生一種輕傲之心。 大多數的人本來就有兩種完全不同的行爲規律：一種規律是對待他們所視爲同伴，同僚，朋友，或同『羣』之人的；還有一種規律是對待他們所視爲仇敵，流氓，或擾亂社會之人的。　一班激烈的改革家時常聚精會神考察社會對於後一種階級之行動，而『羣衆』對於這種階級之人是懷有一種惡感的。　凡戰時的仇敵，和一切罪犯，自然是包含在這種階級之中；據那些覺得維持現制度於他們自已的安甯或特權最爲重要的人之意見，凡主張政治或經濟大改革的人，以及因貧困或別種原因而懷一種極不滿足之心的各階級，都包含在這種階級之中。　平常的市民對於這樣的個人或階級大概很少想及，他一生相信他和他的朋友都是好人，因爲他們對於那些沒有團體的仇視心(Group-hostility)之人，都毫無加害的意思。　然一個注意於一團體和他所怨恨者，或恐懼者之關係的人，所下的評判，必迥然不同。　在這種關係之中，往往容易發生一種驚人的暴行，而人性中之惡德也都顯露出來了。反對資本主義的人，因研究某幾種歷史上的事實，已經知道一般資本家和國家對於傭工階級，常有這種暴行，傭工階級對於工業制度加諸他們的那種不堪言狀的痛苦，如敢提出抗議，那麼，資本家和國家對於他們的暴行，便愈加利害了。　於是注意這種關係的人，對於現社會所持的態度，和平常一個豐衣足食的市民所持的態度便迥不相同：他的態度和那個市民的態度是一樣眞實的，或者也是一樣虛僞的，但都是基於種種事實，這種事實是關於他和他的仇敵之關係，不是關於他和他的朋友之關係。

階級戰爭和國家戰爭一樣，生出兩種反對的意見，每種意見都是眞的，也都是假的。一個國民在戰爭之中，當他想及他自己國人，如他平時所經驗的一樣，他將想及和他的朋友的往來，及和他們家室的關係等等，　他們在他的心目中，大概都是些仁慈端正的人民。但是和他的國家宣戰之國，便從種種經驗極不同之點來測度他的國人了：如他們侵略和征服土地時在戰爭之暴行，或在外交上的狡詐手段所現出來的。　做這種事實之人，就是他們的國人所認爲丈夫，父親，或朋友的，但是他們所受的評判不同，這就是因爲他們受評判時所據的事實不同。　那些依據革命的傭工之立脚點而觀察資本家的人，情形亦復相同：他們對於資本家之惡嘲及誤評，是因他們所據以觀察之事實，或是資本家所不知道的，或是他向來所忽略的。　然從外部向內的觀察，和從內部向外的觀察，是一樣眞實的。　這兩種觀察對於完全的眞理都是必要的；而社會主義者注重外部的觀察，他並不是好駡人，不過是傭工，底朋友，眼見的資本主義所加於他們的無益之痛苦，遂致如癲如狂大聲疾呼罷了。

我已經將通常所想及的事實，提前說明，我的目的是要使讀者明白在我們所要考究的各種運動中，無論遇見什麼苦和恨，而這些運動之主旨不是苦，也不是恨，但只是愛。我們對於一般虐待我們所愛之物的人，要想不懷一種恨心，本事一樁難事。然這樁事雖難，究竟不是不可能的；不過要達到這種目的，須有一種廣大的眼界和一種高深的知識，而在不顧利害的爭鬥中，這兩樁東西是不容易保持的。如果社會主義者和無政府主義者不時常保持終極的知慧，在這一點，他們和他們的反對者沒有什麼差異；然他們在鼓吹主義之時，就已經表明他們自己較一般茫然無知，或因循苟且，而蕃殖於現制度所賴以保存的罪惡和暴行上的人，要更勝一籌。

到自由之路

社會主義，無政府主義及工團主義。

第一部　歷史的(Historical)

第一章　馬克思和社會主義的敎義(Marx and socialist doctrine)

社會主義和別的各種有生機的東西一樣，與其說他是一個界說嚴密的敎義，不如說他是一個傾向(a tendency)。凡社會主義底定義必然不是將大家所視爲非社會主義的一些見解包在裏面，就是把一些應當包含的除外了。但我想我們定他是主張土地和資本之公有，便和社會主義之精義最相近了。公有可以解作爲一個民治的國家所有，但不能作爲非民治的任何國家所有解。公有也可以照無政府的共產主義所解釋的，能作爲一個男女自由聯合而沒有構造國家所必需的强制力之社會所有。　有些社會主義者盼望由大破壞的革命將公有制陡然的完全的辦到，同時別的一派盼望他逐漸實現出來，起初實現於一種工業，隨後推到別種。　有些主張必須要求土地和資本完全歸公，同時又有些人却允許面積不甚大的和勢力不甚强的海島作爲私有。　以上各種體制之共通點，就是民治主義，和實質的或名實完全的廢除現在資本制度。　社會主義者，無政府主義者，和工團主義者之間所不相同的地方，大半就在他們所求的民治主義是那一類。　正宗派的社會主義者只要在政府方面有了國會的民治主義（Parliamentary democracy），就覺得滿足，他們以爲資本主義一經消滅，現在制度中種種顯著的弊害一定會隨同消滅。　反之，無政府主義者和工團主義者都反對一切的代議機關，而宗旨在用一種不同的方法來規定社會中政治事件。　但他們同是民治主義，他們志在廢除各種特權及各種人爲的不平等：他們都是現社會中傭工之擁護者。　在他們經濟的教義，他們三派也有許多共通點。　他們三派都把資本和工銀制度看做一種爲占有階級之利益而掠奪勞動者之方法，他們以爲無論一種什麼樣子的公有制，都是使生產者得到自由之唯一的方法。但是在這共通的教義之中，却有許多派別，就是在嚴格的稱爲社會主義者之中，所分的派別，亦復甚多。

社會主義在歐洲成爲一種勢力，可以說是始於馬克思。在馬氏之前，英，法兩國就有了社會主義的學說，這是確實的。當一千八百四十八年革命之時，法國社會主義於一短時期之中在國內占很大的勢力，這也是的確的。但是在馬克思以前的社會主義者都沈溺於空想的夢而不會組成一種强有力或堅固的政黨。至於組成一種全體一貫的社會主義教義，眞正能夠支配太多數的人心；又若組成國際的社會主義運動，在最近五十年內歐洲各國都已經繼續發達；這兩件事不能歸功於馬克思及和他通力合作之昂格思。

要懂得馬克思的教義，必須知道構成他的見解之種種影響。馬氏於一千八百十八年生於萊因州之特列夫(Treves)他的父親是一個法官，猶太人，在名義上已經改信耶穌教。馬克思在德國各大學學習法律學，哲學，政治經濟學，和歷史。在哲學他傾心於名震一時的黑格爾(Hegel)學說，他一生思想竟爲這些學說中某幾點所支配。他和黑格爾一樣，以爲歷史是一個理想之發展。　他覺得世界諸變遷，適形成一種邏輯的發達，在這種發達中，一個局面由革命變爲一個別的局面，別的局面就是前一個局面的反對（譯者按（antithesis）也可單譯一個「反」字，黑格爾的邏輯說有正，反，合三個法則，意謂由正有反，正反生出合來，合成了正，又有反，又產生合，合復又成正，如此演進。）這個概念給馬氏的見解以一定的嚴肅的抽象論，並且使他相信革命過於相信進化。　但一過少年時代他對於黑格爾更精確的教義，便都忘記了。　他本是大家所承認的一個出色的少年學者，他本可以當一個教授或官吏得着榮華的境遇，但是他的政治興趣和他的急進的意見却引他進了更艱苦的路徑。　他於一千八百四十二年就當了一個新聞記者，這新聞因爲持論新穎，次年的上半期便爲普魯士政府所封禁。他因此前往巴黎（Paris），遂以社會主義者見稱於世，並結識了法國的諸前輩。（原註）此中主要的人是傅立葉（Fourier）和聖西門（Saint-Simon），他們創造一種空幻的社會主義理想社會。　蒲魯東（Proudhon），馬克思和他友誼的關係不十分厚，與其把他看做正宗社會主義，不如說他是無政府主義者的先驅。他於一千八百四十四年在巴黎和昂格思訂終身之交，昂氏前此因事曾在過滿切司特（Manchester），由此熟悉英國的社會主義并採納那教義的主部。（原註）馬克思在哲學之貧困（一八四七年出版）裏面述及英國社會主義者，加以讚賞。他們和馬氏一樣，都以李嘉圖(Ricards)的價值論爲立說之基礎，但是他們的學識，見解和科學的方法都不及馬氏。他們中間霍智鏗(Hodgskin，1787–1869)原來是一個海軍將官，因爲刊布一種小册子，批評海軍毆練方法而被革退。著有保護勞動反對資本之要求(Labour defended against the claims of capital)(一八二五年出版)，及其他著作；又有湯姆孫(Thompson，1785–1833)，他著有最易使人類快樂的財富分配原則之研究 Inquiry into the Principles of Distribution of Wealth Most Conductive to Human Happiness, 1824)及報酬的勞力(Labour Rewarded, 1825)又有烈文斯頓(Ravenstone)，霍智鏗的意見多半是從烈氏得來的。還有一個人比這些人更加重要的就是渦文(Owen)。

一千八百四十五年，馬克思被逐出巴黎，他遂和昂格思移居不律塞(Brussels)。他在此處，創設一個德國工人協會(German working Men's association)並辦了一個機關報。因爲他在不律塞作種種活動，遂爲在巴黎之德國共產黨同盟(The German Communist League)所知，在一千八百四十七年終，這同盟便請他和昂格思替他們草一篇宣言，這宣言出現在一千八百四十八年一月。這就是有名的『共產黨宣言』(Communist manifesto)，馬克思的主張在這宣言中，初次發布。這宣言出現在很好的時機。次一個月即二月，革命爆發於巴黎，至三月，便蔓延到德國。不律塞政府恐怕革命，乃將馬克思逐出比利時，但因爲德國的革命却能夠使馬克思回到本國。他在德國重復辦一個報，因此和政府當局再起衝突，當此復古派得勢，取締愈加嚴厲。至一千八百四十九年六月，他所辦的報被封，他自己也被逐出普魯士，他回到巴黎，但是又被驅逐。因此他寄居英國—在那時英國是愛自由者之避難所—他除了出外遊說暫時離開外，繼續寄居英國一直到一千八百八十三年他死之日爲止。

馬克思的大部分時光都費在編著他的大著作『資本論』(Capital)上面。(原註)資本論第一卷也就是最重要的一卷，一千八百六十七年出版；第二第三兩卷至馬克思死後才出版(一八八五年八九四年) 他晚年還有一件重要的事業，就是國際工人協會(International working Men's association)之組成及擴充。自一千八百四十九年以後，他的大部分光陰都用在英國博物館中，他以德國人的忍耐性，在館中搜集材料，以備給資本家的社會以可怕的攻擊，但是他的歸宿仍在國際社會主義的運動。

在好些國中，他有女壻做代理人，如拿破崙(Napoleon)的弟兄就是一個例，在各國所起的各種內爭中，他的意志總是占勢力的。

馬克思教義之精髓可以歸納爲三項：第一，就是所謂唯物的歷史觀，(The materialistic interprotation of history)第二，是資本集中律，(The law of the concentration of capital)第三，是階級戰爭(The class war.)。

(一)唯物的歷史觀。——馬克思以爲人類社會的一切現象，大概起源於物質的條件，而這些條件又附屬在經濟制度裏面。政治的諸組織，法律，宗教，哲學——一切此等，在他們廣的外圍而言，馬克思以爲都是發生他們的社會中經濟制度之表現。如果說他堅持自覺的經濟動機(The conscious economic motive)是唯一重要的動機，那便未免失當；他本意是以爲經濟可以鑄造性格和意見，有好些最初來源是經濟而現在覺識上好像和經濟沒有關係。他將他的教義特別應用到兩個革命上面，一是過去的，一是將來的。過去的革命是資產階級反對封建制度之革命，據他看，法國革命就是這種革命之特別表現。將來的革命是傭工或無產階級反對資產階級之革命，這種革命是要建設社會主義的國。他以爲歷史之全部運動和物質的原因顯現於人類之效果同是必然的。他鼓吹社會主義的革命不如他預言社會主義的革命之甚。他固然說過社會主義的革命是有益處的，然他更盡力證明這種革命一定來不能倖免。在他暴露資本制度之罪惡中，也同樣露出這種革命必然不免底意思。他雖將資本家的種種暴行揭開出來，然他却不歸罪於他們；他僅僅指明，如果私有土地和資本之制一日存在，他們的行爲是必然的出於殘暴。但是他們的專制決不能永久存在，因爲這種專制養成了勢力，到後來他必定爲此等勢力所推翻。

(二)資本集中律。——馬克思曾經指明，資本家所經營的事業有漸次向着更大更大規模走之趨勢。他預先見到托辣斯(trnst)必爲自由競爭的替身，並且預言因規模宏大的單一企業增加，資本家企業的數目必然減少，他猜想當這樣的進程所含必然減少之事實，不獨是營業的數目，資本家的數目也要減少。他常說要弄到每一種營業只爲一個人所有。因此他預期人們不斷的由資本階級被驅逐到無產階級，久而久之，資本家必逐漸減少。他不獨將這種原則應用於工業上，並且也應用於農業上。他預期地主的數目天天減少，而他們的財產天天增加。這個歷程是使資本制度底罪惡和不公平愈加顯著，愈加激起反對底勢力。

(三)階級戰爭。——馬克思覺得傭工和資本家是處在正相反對的地位。他以爲無論什麽人現在就是或不久必是傭工否則是資本家。傭工爲資本家所掠奪，一無所有，而資本家則占有一切。資本主義的制度既極發達；他的性質愈加明瞭，於是有產階級和無產階級之對立便愈加顯明。這兩種階級的利益既互不相容，遂迫而出於一種階級戰爭，而這種階級戰爭滋生在資本制度內部分裂之勢力。工人們漸漸知道團結起來，抵抗他們的掠奪者，起初是地方的，其次是一國的，末了是全世界的。待到他們知道全世界的團結，他們必定得到勝利。那時他們拿法令宣告凡土地和資本都歸公有；掠奪消滅；財主之專制不能再行；於是社會裏面不復有階級存在，而人人都自由了。

這些理想已經包括在『共產黨宣言』裏面，這篇文章有最驚人的勇氣及力量，他以直截爽快的語氣說出世界上兩大勢力之惡戰以及必然的結局。這種宣言對於社會主義之發達很是重要，并且對於更淵博的更詳備的『資本論』中之教義，有可說明，無論什麽人如果想要懂得馬克思社會主義所以能支配大部分工界領袖之才智及思想，必須要知道這宣言中警策的

到自由之路　　二三

文句。

『宣言』起首一句是，『有一個怪物徘徊歐洲，這怪物就是共產主義。 舊歐洲有權力者因為要驅除這個怪物，都加入神聖同盟；如羅馬法王，俄皇，梅特涅(Metternich)基佐(Guzot)，法國的急進黨和德國的警察偵探都是。 有一黨不被有權力的政敵所詆為共產黨的嗎？ 那黨派對於更急進的黨對於保守黨，不都是用共產主義回罵嗎？

階級戰爭之存在並不是一樁新近的事：『自古迄今各社會的歷史都是階級爭鬥史』。在這些爭鬥之中，『每次爭鬥的結局，或是實現一種革命的社會改造，或是相爭的兩階級同歸於盡』。

『我們這種有產階級時代……已經使階級爭鬥歸於簡單了。 社會漸次破裂，分成兩個互懷敵意的大營寨，分成兩個直接對敵的兩大階級：就是有產階級和無產階級』。 接着封建制度傾覆之歷史，有產階級就是一種革命的勢力。 『有產階級在歷史上曾經做過革命的事業』。 『他已經用一種借宗教和政治的假面具所隱藏的掠奪，去代替那種明白的，可恥的，直接的，兇猛的掠奪』。『有產階級因爲要替他的產物時時擴充銷路，遂使他走偏全世界』。『有產階級得勢不到一百年，而他所創造的生產力，比較以前各時代生產力之總和還要更加偉大』。　封建的關係變成桎梏了：『這種關係應當土崩瓦解；他畢竟土崩瓦解了。……現在在我們的眼前，又有一種同樣的運動，正在進行』。　『有產階級所用以推倒封建制度的武器，現在却反戈向着有產階級自身。　然有產階級不僅已經造成一種致自己於死地的武器；他並且已經養成一班使用這種武器的人——就是近世工人階級，——也就是無產階級』。

其次再指出無產階級貧困之原因。　『工人之生產費，差不多完全限於維持他的生活和蕃殖子孫所必需的物品上。　但是商品之價格，勞力也是商品，和他的生產費是相等的。工作越發討厭，工資越發減少。　還有一層，使用機器和分工之事增加，苦役之負担也跟着增加。』

『近世工業已經把家長式的主人之小作場變爲工業的資本家之大工廠了。　大羣的勞働者湧入工廠，都編成和兵士一樣。 他們既爲工業的軍隊中之兵卒，處於完全專權的軍官命令之下。 他們不僅是有產階級和有產階級國家的奴隸，並且時時刻刻做機器，和監工人的奴隸，尤爲擁有產業的製造家個人的奴隸。 這種專制愈加明白宣佈謀利是他的目的，他便愈加卑賤，愈加可恨，愈加可惡』。

『宣言』又說到階級戰爭發生之情形。 『無產階級底發達經過種種時期。 他於出世之日，就和有產階級爭鬥。 最初是各個勞働者反抗直接掠奪他們的資本家；其次是一個工廠工人聯合反抗，再其次乃由一地方同業的工人合力反抗。 他們並不攻擊資本家的生產方法，但攻擊生產的工具之本身』。

『這個時期勞働者仍是結合些烏合之衆散在全國，常因自己互相競爭，以致破裂。 無論在什麽地方，如果他們聯合攏來，組成一種堅固的團體，這不是他們自己自動的聯合之結果，只是有產階級替他們聯合，這種階級因要達到自己政治上的目的，遂不得不運用全部無產階級，並且一時竟能達到目的』。

『工人和資本家個人的衝突漸次具有兩階級衝突的性質。　於是工人起首互相團結（組織同業聯合）去抵抗有產階級的人；他們結合一氣爲的是維持工資率；他們因爲謀不時的革命之預備，遂創設各種永久的聯合。　這種爭鬥到處爆發，變成騷動。　工人時常得到勝利，但不過是一時的。　他們的戰爭之眞實的結果，並不是眼前的效驗，但在工人底聯合繼續不斷的擴張。　近世工業所創造的交通進步，勞動聯合得他的助力不少，因爲交通方便才使各地工人能夠互相接觸。　這種接觸是使無數同一性質的地方階級戰爭合成一種國家的階級戰爭所必需的。　但是每個階級戰爭都是政治的戰爭。　在中古時代，城市居民因道路不良，要想有一種聯合，須費幾世紀的時光，才能夠達到目的，而近世的無產貧民因受鐵路之賜，只要幾年就成功了。　無產者聯合成一階級，後來又聯合成一政黨，然他們這種組織因自己內中之相競爭，時常又破裂了。　但是他們的組織一定再興起來，一定較前更堅固，更强有力。　他們乘有產階級自己互相分離的機會，强迫立法機關承認工人之特別利益』。

『舊社會之狀況已經沈沒在無產階級之狀況中了。　無產階級的人沒有財產；他和他的妻室兒女的關係，比較有產業者的家庭關係，已經不復有相同之點；近世的工業勞働，受制於資本，無論在英國，或在法國，在美國，或在德國，都一樣沒有絲毫國民性存在了。凡法律，道德，宗教，在無產者看來，都是有產階級的偏見，後面都埋伏了有產階級利益的伏兵。以前一切占優勢的階級，無不盡力使社會屈從他們的掠奪方法，好鞏固他們旣得的地位。無產者除了推翻從前他們自已的和別人的掠奪方法，決不能成爲社會生產力之主人翁。他們自已沒有什麼東西要維持的；他們的使命是破壞以前一切私有財產的各種保障物。從前歷史上的各種運動是少數人的運動，或是替少數人謀利益的運動。無產階級的運動是絕對的大多數人替絕對的大多數人謀利益之自覺的獨立的運動。無產階級在我們現社會中居最下的一層，要不把壓在上面的全體官僚社會抛到九霄雲外，他決不能有所動作，他決不能抬起頭來」。

馬克思說，共產黨是代表全體無產階級的。他們是國際的。『共產黨更被人斥責，說他們志在廢除國家及國民性。工人本沒有國家。我們不能向他們拿出他們本來沒有待到的東西』。

共產黨目前的目的是由無產階級奪取政治上的權力。『共產黨底學說可以用一句話總括起來：取消私有財產』。

有人攻擊共產主義，說他反對基督教，他便用唯物的歷史觀來答覆。『凡從宗教，哲學，和理想的立脚點來攻擊共產主義之論調，値不得加以嚴重的考察。一個人的觀念，見解，和概念，總說一句，一個人的意識，常隨他的物質上生存的狀況，他的社會關係，和他的社會生活之變化而起變化，這還須深思熟考，才能夠了解嗎？

『共產黨宣言』對於國家的態度不十分容易捉摸。『宣言』告訴我們說，『近世國家的行政部不過是一種管理全體有產階級普通事務的委員會罷了』。但無論如何，無產階級做事的第一步必須獲取管理國家之權。『在上面我們已經知道，勞動階級革命的第一步是使無產階級起來占據治者階級的地位，得着民主主義戰爭之勝利。無產階級將利用他的政治上的至高權，漸次從有產階級手中取回一切資本，使各種生產工具都集中在國家之掌握中，也就是集中在無產者組成的治人階級之掌握中；並且使全部生產力迅速增加』。

『共產黨宣言』又擬出一種即時改革之計畫，這種計畫起初增加現今國家底權力，然據說當社會主義的革命完成之時，我們所習見的國家將不復存在了。 當無產階級奪據國家底權力時，就恰和昂格思所說的一樣，『把各階級的等差和對抗一起除去，那結果國家也就廢棄了』。 照這種說法看起來，國家社會主義在事實上雖可以說是馬克思和昂格思持論的結果，然却不能歸罪他們，說他們讚美國家。

『宣言』末了忠告世界底傭工大家起來藐視共產主義。 『共產黨人不屑隱瞞他們的意見和目的。 他們明白宣布，要實現他們的目的，只有用强力推翻社會一切現狀。 叫那些治者階級在共產的革命面前發抖。 無產階級除掉身上的鎖鍊外沒有絲毫損失。 他們所得的是一個世界。 各國底工人聯合起來』！

自從『共產黨宣言』發布之後，歐洲大陸諸大國，除俄羅斯以外，接着就發生了革命，但是這種革命除掉起初在法國所發生的外，其餘都沒有經濟的，或國際的意味。 在別的無論什麼地方，這種革命都爲國家主義底理想所鼓蕩。　世界各國的政府當局一時爲這種革命所恐嚇，然他們利用挑撥附着於國家觀念中的種種仇隙、遂至恢復他們的權力，因此這種革命無論在什麼地方，經過一極短期的勝利之後，都在戰爭和復古反動中告終了。『共產黨宣言』底各項理想，在世上準備他們來到以前出現了，但著這宣言的人却親身看見社會主義運動在各國發達之見端，現在這種運動勢力日增，各國政治都受他的影響日甚一日，他支配俄國的革命，並且或者不久就能夠成功國際的勝利 (International triumph)，這就是宣言底末句號召世界工人去做的。

馬克思的大著作資本論更將共產黨宣言底量及質加以擴充。　資本論所貢獻之贏餘價值論 (Theory of surplus value)，他自認爲說明資本主義掠奪之實在的工具。　這種道理非常複雜，不能看作一種純粹的理論，不如把他看作一種惡感之抽象譯名，馬克思就是帶着這惡感去看那種用人命來搾出財富之制度，凡讀這書而加以讚賞，就在這種精神並不在那乾枯無趣的解剖。　以批評的精神去研究贏餘價值說那就須涉及許多純粹經濟學說上艱澀的和抽象的議論，這樁事對於社會主義實際上的眞僞沒有多大的關係；並且也似非本書所能夠包含的。據我的意見，資本論中最好的部分、就是討論經濟的事實，因爲馬克思對於這些事的智識，非常精博。　他希望藉這些事實之力，將那種堅決的和永不磨滅的惡感注入他門徒的心裏，使他們成爲階級戰爭中之死士。　他所搜羅的事實是大多數享安樂生活之人所不知道的。　這些事實是很駭人聽聞的，而產生這些事實的經濟制度，一定也要認爲一種駭人聽聞的制度。　今將馬氏所搜羅的事實略舉數例，看了這種事實，就可以明白許多社會主義者心中所懷之痛苦：——

一八六〇年一月十四日諾丁漢（Nottingham）地方底郡議會開會，主席是郡長恰爾東，（Mr. Broughton clsrlton）他宣稱：『花邊業內工人所受的許多痛苦和貧乏，是國內他部分人從來不知道的，也眞是文明世界所從來不知的：：：：九歲乃至十歲的小孩子，在早晨兩點三點或四點鐘的時候。便從他們的汚穢床上拖下來，逼着去做工，一直到夜間十時十一時乃至十二時。只得些粗惡的食物。以此他們的四肢凋委不發達了，他們的體格瘦小，他們的顏色

蒼白沒有血色了，並且他們的人性全然墮落到和石頭一般地麻木，想起來簡直可怕極了」。（原註）見資本論卷一第二七頁

三個鐵路上的人員立在倫敦命案檢查官之前——一個是車掌，一個是司機，一個是信號手。鐵路上出了一樁極慘的事變，喪了好幾百旅客的生命。這不幸的緣因是在鐵道僱員之疏忽。他們三人異口同聲對檢查官聲訴，十年或十二年以前，他們的工作一天只有八小時。近五年或六年，漸漸加到一天十四小時十八小時乃至二十小時，遇着休息日遊客多逼得更緊，每遇遊客列車多底時候，時常四十小時乃至五十小時片刻不能停息。他們也是凡人，不是天神。到了一定的限度，他們的工作力便沒得了。他們自然麻木了。他們的腦不復能想，眼不復能看了。那十分「尊貴的」英國檢查官就回答一個判決書判定他們是犯了殺人罪，移歸審判所辦理，在判決書上輕描淡寫地加個「附條」，表示誠實希望做鐵道事業底資本家的貴人，將來，多破費幾文購買分量充足的工作力，於榨取已購的工作力也望更「節制」點，更「自制」點，更「儉省」點。（原註）見資本論卷一第二三七頁到二三八頁。

一八六三年六月最後的星期，全倫敦城內一切日報都登載一段記事，用「駭人」的題目，『純因過勞而死』。這是講一個女裁縫底死，名喚瑪利恩瓦克萊，年二十，在一家信用素著的製服店內做工，店是一位太太芳名叫愛麗絲的所開。古來常講的故事又出現了。這女裁縫平均每日做工十六小時半，每逢生意忙的時節往往要做三十小時不得一刻休息，於工作力垂盡底時候。有時猝先勒酒，葡萄酒，咖啡來恢復。他正死在生意最忙底時候。店中正承辦為那班貴婦人做些華麗的衣服，等着在歡迎王太子妃底跳舞會上穿，必須立刻完工的。瑪利恩瓦克萊，已經繼續做了二十六小時又半，不曾息過一刻，同做工底女郎共有六十個，三十個一間房，這間房只有立方尺三分之一的空氣能供給他們。到了夜間，他們睡在一個氣悶得死的洞裏(斗室)，兩人擠一個床鋪，這些床鋪是用木板隔開的。可是這個製服店還算是倫敦城裏頂好的製服店之一。瑪利恩瓦克萊起病是星期五，死在星期日，愛麗絲太太到頗驚訝瑪利竟不把手裏的衣服完工便死了。凱思醫生請來太遲，不及救命，只能向檢查官正當證明『瑪利恩瓦克萊死在人太擁擠的作場裏工作過度，并且因為寢室過小空氣不足』檢查官還為了要顧醫生一點面子，發出判詞說道：『死者是由於中風，但是恐怕在人太擁擠的作場內工作過度使他死得快些，這也許有點理由』自由貿易論者柯勃頓(Cobden)和布萊脫(Bright)所辦的機關報『晨星』(Morning star)喝道：『我們的白種人奴隸，我們的白種人奴隸勞苦終身，大都

是靜悄悄地疲勞而死，不出一聲。（原註）見資本論卷一第二三四·二四〇頁，

一五四七年，愛德華六世卽位之第一年，發出法令無論何人拒絕做工，便罰他做告發人底奴隸。主人把麵包淸水給奴隸吃，如主人以爲合宜，也可以給些冷菜敗肉。主人有權用鞭與鎖鍊迫奴隸做任何樣的苦工。如果奴隸出外兩星期，便當罰他終生做奴隸，並當在前額或背脊上用火烙一個S字；（譯者按S是英文奴（Slave）（奴隸）之第一字母。）如果他逃走三次，便當他重罪犯（死囚）處罰。主人可以賣他，贈人，或轉租於別人，和別的私有動產或家畜一般。如果奴隸有點謀抗主人，便應處以死刑。治安警察受了報告，應出巡驅逐流氓。如遇有流氓三天不做工，便當把他押回原籍，用燒紅烙鐵在他的胸前烙一個V字，（譯者按V是英文Vagabond（無業流氓）之第一字母）。加上鎖鍊，使在街上做工，或做別的苦工。如果他（流氓），謊報原籍，那他便該罰爲終生奴隸，卽在他所謊報底地方，爲該處人民或公共團體底奴隸，并火烙S字。無論何人有權領取這些無業流氓底子女做徒弟，男的到二十四歲，女的到二十歲。如果他們逃亡，他們就得做主人底奴隸，直到上文定的年限，主人可以隨意把他們加上鎖鍊，鞭打他們，等等。主人可以在奴隸底頸上臂上或腿上裝嵌鐵環以便易於認識。此法令底末尾又說到窮苦的人可以爲一人或一地底雇用，如果他們願意給窮人以食物，並給他工做。這種教區奴隸英國直到十九世紀過了許久還有

，喚做「巡行者」(Roundsmen)」。（原註）資本論卷一第七五八頁與七五九頁。

如此同性質的事實，一頁復一頁，一章復一章，描寫定命論底理論，馬克思自命這理論是由純粹推理來證明的，給熱情的勞動階級中人讀了，勢必激起憤怒；給寬厚與正義心沒有完全消滅的資本家讀了，也要有點無地自容的慚愧。

在資本論快到末尾，有很短的一章名爲『資本累積之歷史的趨勢』，馬克思在這一章內指示在現在恐怖時代所不能有的一線希望。——

一俟這個變化之歷程完全把舊社會散頭徹尾地分崩了，一俟勞動者都變爲無產者，他們勞力底方法都變爲資本了，一俟資本家生產制能夠自立了；於是便有了更進一步的勞動之社會化以及更進一步的土地和別的生產方法變爲社會的掠奪；至是，生產底普通方法和更進一步的私有財產底掠奪也都換上一個新局面了。在此時被掠奪的人，不仍是爲自己作工之勞動者，仍是掠奪許多勞動者的資本家。　這種掠奪是完成於資本家生產之固有的法則及資本集中。一個資本家時常打殺許多資本家。在這資本集中的時候，或換言之，在這少數資本家掠奪許多資本家的時候，相伴而起的事；像勞動進程中底協作組織，科學之技術的應用，土地之耕種得法，勞動工具變爲只適用於共同工作，一切生產方法由於聯合生產及社會化的勞動而節省，一切民族之陷入世界市場的網羅，以及由此而成資本制度底國際性質，這些，都永續向擴大方面發展。在這個轉變進程中，僭竊壟斷一切利益的資本家之數目不斷的減少，而民衆之悲慘，壓服，奴辱，墮落，掠奪，也隨之而生；但是與此同起的有勞工階級底暴動，這個階級之人數總是時常增加，并且由資本家生產歷程之結構而有了訓練，聯合，和組織。資本之壟斷變爲生產方法的桎梏，生產事業本由他發生，隨着他繁盛，支配在他下面。生產方法之集中與勞動之社會化終於要達到那一點，要和他們的資本主義的包殼不能相容。這包殼已是破裂成爲碎片了。資本家私有財產的喪鐘響了。掠奪人者受人掠奪了。（原註）資本論卷一第七八八頁七八九頁。

」馬氏之說如此而已。後頭到底幾無一字是安慰的口氣，這緊張的壓力加於讀者的心上，便是資本論所以得到勢力大部分之所在了。

兩個疑問從馬克思的著作發出：第一，他的歷史的發展律是否真確？　第二，社會主義是否是願望的？　這兩個問題中的第二個和第一個完全獨立。　馬克思公然證明社會主義是必來的，但是他不曾討論來的社會主義是好的。　然而也許社會主義如果來到，或將是好的，縱令馬克思的全般議論證明社會主義之必來是錯誤的。　在事實上，時間已經指示馬克思理論中許多破綻。　世界之發展很和他的預言相同，足證明他是一個有非常洞察力的人，但是政治的乃至經濟的歷史，却不曾確照他預示的情形。　國家主義不見減退，反見加甚，馬克思於財政方面認定世界大同的傾向也未見其然。　各項大營業雖然愈加擴大，而且亘有大地段到了獨占的地步，可是在這等企業中，股份底數目却是很多，因此在資本制度裏個人得着利益的，其實在的數目還繼續增加。　還有一層，大的會社固然越發擴大了，而中等會社却也同時有促進的增加。　照馬克思的話，此時傭工僅能得到維持生活的資料，如十九世紀前半期英國勞動者的狀況，但今乃不然，因財富之一般的增大，傭工也得了利益，不過比資本家少一點。照文明諸國的勞動而論，那想像的工銀鐵律，已證明爲不確。現在我們若欲舉出資本家橫暴的實例像充滿了馬克思書中的，大部分的材料，須到熱帶地方去搜尋，或求之於那些劣等民族所住的地方。還有一層：現今熟練工人(Skilled wokrer)已是勞動界中的貴族。他(熟練工人)聯合非熟練工人抵抗資本家，或聯合資本家抵抗非熟練工人，這還是一個問題。他往往自己是個小資本家，就算他個人不是資本家，他的同業聯合或是他的友誼的社會可決其一定是資本家。因此階級戰爭之斬截的界限便不能維持了。貧富之間，隔有許多等級，幷沒有界限分明邏輯上的對峙，一面是富有一切的資本家，一面便是貧無一物的勞動者。即如在德國，他是正宗主義之馬克思家鄉，並且發展成一個強有力的社會民主黨，在名義上是接受了『資本論』之教義且大受感化的，但在歐戰前數年，因各階級的財富大增加，社會主義者修正了他們的信仰，幷採取了進化的態度而捨却革命的態度。德人社會主義者伯恩斯泰因(Bernstein)曾久居英國，他發起『修正派』運動，到底征服了社會民主黨之大部分。他對於馬克思正統說之批評見於他所著的進化的社會主義。

(原註)原名"Die Voraussetzungen des Sozialismus und die Aufgaben der Sozial-Demokrotie"一九一四年三月，伯恩斯泰因在Budepest

演講，己有數處和此書不同。　伯恩斯泰因的著作，和廣義教派（Broad Church）著作家很相同，書中大部分是指示創立教義者對於他們自己的教義並不像信徒們那樣拘執。　馬克思和昂格思的著作有許多不能與其弟子們所持拘執的正統說適合的。　伯恩斯泰因對於此派門徒重要的批評，除我們已經說過的以外，就是辯護那非革命的零碎行動。　他駁斥一般社會主義者對於自由主義（Liberalism）之不當的仇視態度，他又摧折國際主義之鋒鋩，其實國際主義確是馬克思教義之一部分無疑。　他說，勞動者一旦為公民即有了祖國，幷且以此說為基礎，擁護或種程度的國家主義，自大戰以來各派社會主義者間頗盛行其說。　他甚至於說，歐洲民族因為他們的高等文化，有權統治熱帶地方的民族。　這等教義減少革命的熱情，並有變社會黨為左翼自由黨之傾向。　但是戰前傭工的財運增加，遂使這種發展無可免避。　此次大戰是否於此方面的情形有所改變，現在還不能知道。　伯恩斯泰因以巧妙的話結論道：『我們看待工人不得不依照他們的現狀。　他們既不是共產黨宣言上所說那樣普遍的赤貧者，幷不是沒有偏見與弱點者像他們的諂諛者要我們相信的話一樣』。

伯恩斯泰因代表馬克思正宗說之內部的衰敗。 工團主義代表一種從外來的攻擊，這個主義底立脚點比馬克思和昂格思的敎義更爲急進的與革命的。 工團主義者對於馬克思之態度可以在索勒爾 (Sorel) 的一本小書馬克思主義之解體(La Dicomposition du marxisme)和他的一本大些的著作暴力之回顧(Reflections On Violence)中看出，這書有 T. E. Hulme 經原著者認許的譯本。 (Auithrized translation)(Allen and Unwin 1915 出版)索勒爾於引用伯恩斯泰因批評馬克思的話並加贊揚之後，他又進而爲他方面之批評。 他指出 (那是確實的) 馬克思之理論的經濟學很近於曼且斯脫主義(Manchesterism)：青年時代之正宗派政治經濟學爲他所接受的，於今知道有許多點是錯的了。 據索勒爾的意思，馬克思敎義之眞精髓是階級戰爭。 誰能保持階級戰爭說有生命，便是保持社會主義底精神有生命，比諸那些拘泥社會民主派正宗說之字面的人要眞實得多。 法國工團主義者根據於階級戰爭批評馬克思，其深入迥非我們前此所論及者可比。 馬克思對於歷史的發展之見解，在事實上多少有些錯誤，不過馬克思所力求創造之經濟的及政治的系統或者正如他的門徒所想望。工團主義不但批評馬克思對於事實的見解，兼且批評馬克思所抱的目的，及他所舉的方法之一般性質。馬克思的思想成立時民主主義還沒有出現。城市勞動者初次在英國得到投票權以及畢士馬克許可北部德意志底普通選舉，正是資本論出版底那一年。一般人對於民主主義所要成就的是然抱着很大的希望。馬克思也和正宗派經濟學者相像，以為人間的意見多少要受明澈的經濟的利己觀念所指導，或更是受經濟的階級利害觀念所指導。通觀政治的民主主義的事業之長久的經驗，在這一點經已經指示迪斯蘭利（Disraeli）及畢士馬克對於人性底判斷，較之社會主義者及自由主義者，更為銳利。信賴國家以為是達到自由的手段，或信賴政黨以為是個有充足力量的工具能強逼國家為人民服務，現在是愈加困難了。近世的國家，索勒爾說，『是一個知識者的團體，享有種種特權，據有所謂政治的一種策略，以自保而抵抗別的知識者團體向他施以攻擊，來熱心奪取公職底利益。一切政黨都為搶奪官職而組織的，他們和國家正是類似的』。

（原註）見La Dicomposition marxisme 第五十三頁。

工團主義的目的在依職業以團結人們，不是依政黨。他們說惟此足以代表階級戰爭之眞的概念及方法。 因此，他們看不起一切經國會及選舉做媒介的政治行動：他們所贊成的行動是由革命的工團或同業聯合直接行動。 工業行動對政治行動宣戰之喊聲，已傳播到遠出法國工團主義者之外。 美國的世界產業工會(I. W. W.)和英國的產業組合及行會社會主義者中間，都有這喊聲。 倡導這個的人，大概他們的目的和馬克思的不同。 他們相信國家若是全權的，即使這國家是社會主義的國家，個人便不能有充分的自由。 他們中間有些全然的無政府主義者，他們想把國家全然廢棄；另有幾個則祇求縮小國家權力。 無政府主義者自始即反對馬克思，現在爲了這種運動，反對更盛起來了。 我們在下一章中將講到這反對運動之初期的形式。

第二章　巴枯甯和無政府主義

普通人的心理，以爲無政府主義者是一個擲炸彈和謀亂的人，不說他是害了神經病，便說他借極端政治意見的名目，做『橫溢斜出』的掩飾。這種觀察，自然無論從那一方面都是不適當的。　無政府黨有些以擲炸彈爲可行，也有許多不以爲然。　懷抱各種意見的人，差不多都有信任遇着適宜的情境，可以投擲炸彈：譬如炸沙勒芝和(Sarajero)惹起這次歐戰的人何嘗是無政府主義者，不過是國家主義者罷了。　無政府主義者除了極少數採取托爾斯泰派的無抵抗態度之外，主張擲炸彈的，在這方面與社會一般的人，沒有什麼重要不同的道理。

他們與社會主義者一樣，大多相信階級戰爭的學說，要是他們用炸彈，也不過像各國政府爲戰爭之目的用炸彈相同：然而一個無政府主義者製造每個炸彈，各國政府製造幾百兆，無政府主義者暴烈殺死每個人，國家暴烈殺死的幾百兆。　這樣看來，暴烈不是無政府主義者獨有的，也不是他們的特點，因此我們可以把在普通人的想像中占這麼大部分的暴烈問題，大可完全舍棄，不必再去理會了。

就『安那其士姆』(Anarchism)，的字源所表示，是反對各種强力的政府之學說。他反對國家，因爲國家是社會裏政府所用强力之總體。無政府主義者所容受的政府，必定是自由的政府，所謂自由的政府，不單說他是一個大多數，而必要人人承認才可。這樣的制度如警察和刑法，都爲無政府主義者所反對，因爲社會一部分人的意志，每每借此以凌壓他部。據他們的意見，以爲『德謨克拉特』式的政府，其少數人仍爲强力所迫，或他的潛力仍屈服於多數人的意志之下，所以比別種政府，檢直沒有十分較好的地方。無政府主義者信仰自由是最高的善，想獲得自由，就要直截了當廢除社會用以羈絆個人的一切强力之統治。

從這個意義來講，無政府主義並不是新學說。公歷前三百年，中國哲學家莊子說得很好：——

馬蹄可以踐霜雪；毛可以禦風寒。齕草飲水，翹足而陸：此馬之眞性也。雖有義臺路寢，無所用之。

及至伯樂曰：『我善治馬』。

燒之別之，刻之雒之，連之以羈馬，編之以阜棧，馬之馬者十二三矣。　飢之渴之，馳之驟之，整之齊之，前有橛飾之患，而復有鞭筴之威，而馬直死者已過半矣。

陶者曰：『我善治埴。　圓者中規，方者中矩。』

匠人曰：『我善治木。　曲者中鉤，直者應繩。』

夫埴木之性，，豈欲中規矩鉤繩哉？　然且世世稱之曰，伯樂善治馬，而陶匠善治埴木，此亦治天下者之過也。

吾意治天下者不然。

彼民有常性：——織而衣，耕而食。　是謂同德，一而不黨，命曰天放。

故至德之興，其行塡塡，其視顚顚。　當是時也，山無蹊隧，澤無舟梁。　萬物羣生連屬其鄉。　禽獸成羣，草木遂長。　是故禽獸可係羈而遊；鳥鵲之巢，可攀援而闚。　夫至德之無，同與禽獸居，族與萬物並，惡知乎君子小人哉？　同乎無知，其德不離。　同乎無欲，是謂素樸，素樸而民性得矣。

及至聖人，蹩躠爲仁，踶跂爲義，而天下始疑矣。　澶漫爲樂，摘僻爲禮，而天下始分矣。

(原註)看莊子哲學選刊內『一個中國密宗的冥想。』("Musings of a Chinese Mystic".)基羅斯(Lionel Jiles M. A. (Oxon))序。 見一九一一年約翰巫利 John Muray 所出板的『東方智識叢書』("Wisdom of the East" Series)頁六六——八。

近世無政府主義，就以我們要討論他的那個意義來說，是同那主張土地和資本共有的信仰相聯貫，所以在一個重要方面，與社會主義有血統的關係。 這種學說，正當叫做『無政府的共產主義』(Anarchist Communism)，但實際上，他包涵一切近世的無政府主義，所以我們可以不管個人主義者的無政府主義，只要聚精會神在那共產的制度上面，便可以了。社會主義和無政府的共產主義相似，都是起於認定資本私有，是若干個人壓制別人的根源。正宗社會主義相信倘若國家變成唯一的資本家，個人便可以自由。 在反面，無政府主義恐怕這事若見諸實行，國家會只是傳受私人資本家之專制癖。 所以他尋求一個調理共有權的方法，以制小國家的權力到最小的度，及至最後，則老老實實完全廢除國家。 這種主張，多半由社會黨運動中發生出來，成爲他的極端左翼。

從馬克思可以算做近代社會主義的始創者一樣的意義來說，巴枯甯可以算做無政府主義的創始者。 可是巴枯甯沒有像馬克思一樣，做好了一種首尾畢具和有系統的學說。 惟有他的繼起者克魯泡特金的著作，才補成他的未竟事業。 我們想說明近世無政府主義，將由巴枯甯的生平，（原註）巴枯甯的生平事略——由無政府主義者的見地做的——看他的全集卷二。 介容序及注。 (Michel Bakounine, OEuvres, Tome II, Avec une Notice Biographique, des Avant-Propos et des Notes, Par James Guillaume. Paris: P.-V. Stock, Editeur, pp. V-Lxiii.) 和他與馬克思衝突的經過說起，然後略舉他的著作中一部分所持的無政府主義，而尤注重克魯抱持金的學說。 （原註）關於這種學說的批評，留待本書第二部。

米曉爾巴枯甯(Michel Bakunin)一九一四年生在一個俄羅斯貴族家裏。 他的父親是一個外交家，當他出世時，退居台草省(Tver)的田莊間。 巴枯甯十五歲，進彼得堡(Petersburg)砲兵學校，越三年任爲眠斯省(Minsk)駐營的少尉官。 一八三十年波蘭人的亂事恰好不靜，所以介容(Guillaume)說：『波蘭驚心怵目的情景，影响於這位少年兵官非常之大，且給他知道專制主義的可怕』。 因此經過兩年的試驗，他就棄了軍事的生涯。 一八三四年辭職，到莫斯科去，在那裏研究哲學六年。 他像那時許多哲學的學者一樣，成爲一個黑格爾派，到了一八四〇年，遊學柏林，希望最後能做一個大學教授。 從此以後，他的思想變動一日千里，已覺得再不能承認黑格爾派『存在的東西，都是合理』的格言了（按黑格爾 Whatever is is Rational 的話，很像莊子齊物論『無物不然，無物不可』的語意。），一八四二年遷到德列斯達(Dresden)去，與『德國年報』"Deutsehe Jahrbuecher" 的印刷者羅治(Arnold Ruge)結識。 這時他已經變成一個革命黨了，翌年因撒克遜(Saxon)政府的仇視，上瑞士去，遂與一班德國共產黨接近，但爲瑞士警察所監視，而俄政府又要求引渡，乃移居巴黎，由一八四三年直至一八四七年爲止。 這幾年間，對於他的眼光和思想之搆成，極爲重要，及與蒲魯東(Proudhon)遊，受了他的影响尤大；此外他還同桑德(George Sand)及許多著名之士來往。 他初次認識馬克思和昂格思，就在此地，以後竟與他們起了永遠的衝突。 後來在一八七一年，他舉以下的一樁故事，說明他那時與馬克思的關係：——

那時馬克思比我進步得多，他現在雖不見得比我進步，但學問之博洽，我總比他不上。 我那時完全不懂經濟學，並且沒有脫離形而上學的玄談，我的社會主義也不過是本能的罷了。 他雖然比我年少，却已經是一個無神論者，有本領的唯物派，和有思想的社會主義家了。 他正在這時，組成他的現在系統之始基。 我們倆常常見面，因爲我很敬服他的學問，和他那爲平民而犧牲的深情和熱心（雖然常常夾雜個人的虛榮心在裏面）。 我很高興他那種啓發和靈敏的譚話——當他不爲鄙劣的嫉妒心所鼓盪的時候，是很好的，可惜這種心理，屢見不一見啊！ 但是我們倆個因爲氣質上不能夠投合，所以總沒有誠篤的交情，他叫我做感情的理想家，他是不錯的；我說他是個浮誇的緒人，不忠實而且狡猾，我也是對的啊。

巴枯甯無論到什麼地方，沒有安居而不受官吏之干涉的。 一八四七年十一月，他因爲演說贊頌一八三〇年波蘭的起義，俄國公使請於法政府，把他驅逐了出境，並且造謠說他是俄政府的經理，但因為他出乎軌道之外，已不要他了，這話意在掠奪公衆對於他的同情。法國政府復滅口不言，暗中傳播這種謠言，以致他終身多少總被着這個冤枉。

被迫去法後，到了布魯索斯（Brussols），再同馬克思結交。這時他有一封信，可以看見他後來很有理由的痛恨，在那時已經懷抱着了。 他說：『德人工匠般斯達（Bornstedt），馬克思和昂格思——尤以馬克思為甚——都在這裏做他們平常的勾當。 虛榮，怨恨，妄談，理論上很傲慢，實行上很胆小——生命，動作，和愚直的返應，而却完全沒有生命，動作。和愚直——文學的與好辯論的工匠，和他們惹氣的妖媚，所謂：「斐伯（Feuerbach）是一個中等階級」，而那中等階級一字，遂傳為口碑，屢談不休，以致令人厭氣而後已，但是他們自己，由頂至踵，還是粗俗的中等階級。 一言以蔽之，只有說謊與蠢笨，蠢笨與說謊罷了。在這種團體之內，想仰首伸眉，吸點自由圓滿的空氣是不可能的。 我因此避開他們，且毅然宣言不復加入他們工匠之共產聯合，並且與他斷絕關係。」

一八四八年的革命，使他回到巴黎去、接着又到了德國，因為一件事情同馬克思爭鬧起來，後來他自已認錯了。他加入柏烈(Pragua)的『拉斯夫會』，立志要提倡斯拉夫的革命，但沒有成功。到了一八四八年之末，做了一篇『告那拉夫人書』，叫他們同別的革命黨聯合，起來掃滅那三個專制君主國——就是俄，奧，普。馬克思在報上攻擊他，說布海米亞(Bohermis)人的獨立運動，毫無用處，因爲這些地方，既受了德奧的管轄，斯拉夫人斷沒有希望的。巴枯甯對於這事，駡馬克思主張德國人的愛國主義，馬克思駡他是『大斯拉夫主義』，自然兩方面都言之成理。然而在這個辯論之先，已經有了一回很大的爭辯了。馬克思的新來因時報(Neue Rheinische Zeitung)說，佐治桑德(George Sand)有許多文書，可以證明巴枯甯是俄政府的經理，其中一張，且與最近捕拿波蘭人的事有關。巴枯甯自然不承認此種謠言，而桑德亦致書該報，完全否認有這種文書。馬克思把這否認書刊載出來，算做名義上的調停，可是自此以後，這兩位首領的互相仇視，沒有眞正中止過，直到一八六四年他們才再見面。

此時各地的復古潮流，正在得勢。一八四九年五月德列斯達革命黨起了，竟占了該城五天，並且設立革命的政府。　巴枯甯就是他們反抗普魯士軍隊的防禦者之中心。　但是他們終於失敗，最後巴枯甯想同許納（Heubner）華拿（Richard Wagner）兩人逃跑，獨有華拿以擅長音樂之故，得脫網羅，而他們兩個，都被捕了。

自此以後，巴枯甯屢歷各國的監獄，受了長期的監禁。　一八五〇年一月十四日宣告死刑，五月後，却被減輕，奧政師要求引渡，遂移至奧。　奧人又於一八五一年五月把他判決死刑，旋又減做終身禁錮。　他在奧國監獄裏，手足均上鐐銬，有時竟用繩條把他拴在牆上。　各國政府很像以刑罰巴枯甯有特別的樂趣。　因爲俄政府又向奧人要求引渡，歸國後，首先繫在彼得和保羅（Peter and Paul）獄，繼又轉移到斯羅索利時必（Schluesselurg）去，這時他得了血枯病，全副牙齒，因之脫落，康健完全喪失，所有一切食物，再也不能消化。『雖然他的身體漸歸削弱，可是他那百折不撓的精神，仍是從前一樣。　他恐怕之中尤其恐怕的只有一件，以爲經歷監獄消磨元氣的作用，不久使自己陷於衰毀，和沙利維培賴禽（Silvio Pellics）從前著名的先例一樣。　他恐怕他的憎惡之心消滅了，把自己主要的革命感情，歸爲烏有，以致寬宥了他的拘捕者，委巳身於窮通命數之中。 但這個恐怕太過了；他的精力，未嘗一日離他而去，出獄之日，和入獄之時，前後只是一副面目』。（原註）同上引書頁二十六。

俄皇尼古拉斯（Nicholas）死後，許多政治犯都得赦免，但亞力山大二世（Alexan der II（却親手把巴枯甯的名字，由人名單中删去。 巴枯甯的母親進謁新皇，新皇告訴他說：『太太；你要知道你的兒子活着一天，再也不能自由了』。 然而一八五七年，巴枯甯繫獄的第八年，被遣到較的自由的西比利亞去。 一八六一年他由此逃到日本，經美洲而至倫敦。他因爲敵視政府，屢召囚禁之禍，可是說來有點奇怪，艱難困苦，尸鋸鼎鑊，不曾改變了他的初志。 自此以後，他決心傳播無政府革命的精神，雖然未嘗再受囹圄的苦況。 他住在意大利數年，一八六四年在那裏創立一個『國際友愛會』或稱『社會革命黨同盟』。 這個會有好幾國人，單沒有德國的；並且專反對馬志尼（Mazzini）的國家主義。 一八六七年他到瑞士去，明年幫助『國際社會民主黨同盟』之成立，其進行程序書卽出自彼手。 這道進行程序書是他們的意見一種良好的節要：——

本會主張無神，並且希望絕對廢除階級，兩性間個人在政治上社會上。得以平等。本會想把土地，勞動的工具，以及一切別的資本，變爲全社會的集合財產，除了工人之外，無論何人不能使用——就是說，歸農業的和工業的聯合會所使用。本會承認所有現在政治的和强權者的國家，在各國漸漸減縮到只做管理公衆職務的機關，將來農業的工業的自由組織總聯合之後，便一定消滅。

『國際社會民主黨同盟』想改爲『國際勞働聯合』的支部，但支部必具地方性質，本身不能有國際之意味，故不許加入。然而這個同盟的日內瓦（Geneva）團體，後來在一八六九年七月却加了進去。

『國際勞働聯合』以一八六四年創于倫敦，他的規章和黨綱均出自馬克思之手。巴枯甯早先不料這個會能夠成功，故未與會，但後來他在各國發達得非常之速，不久爲傳導社會黨思想的一個大努力，其始本來不是完全社會黨的，後來開會，馬克思的意見，漸漸得了勝利。一八六八年九月在布魯塞斯(Brussels)開第三次會議，遂完全變做社會黨的了。那。巴枯甯惋惜早先沒有與會，至是乃決意加入，且帶了許多法瑞的(French-Switzerland)法國的，西班牙的，和意大利的信徒同去。一八六九年九月在巴禮(Bâle)開第四次會議，兩種思潮遂有堅强的表示。德人英人奉馬克思，相信廢除私產之後，仍許國家存在，並贊助他在各國創立工黨，和利用『德謨克拉西』的制度，選舉勞働代表到議院去。在別方面，拉丁民族大多奉巴枯甯，反對國家，題家不相信代議政治制。這兩派的爭執，越演越烈，並且互相排擠。從前指謫巴枯甯是偵探的話，又有人復說起來，但經調查之後立刻取消。馬克思秘密通告他的德國朋友，說巴枯甯是『大斯拉夫黨』的偵探，每年受二萬五千『佛郎』的俸給。適巴枯甯此時，注意于煽動俄國的產業革命，所以在一個很重要的時候，把『國際勞動聯合』之爭看輕了。法普之戰，他很熱心的站在法國那邊，拿破崙三世失敗後更甚。他想鼓動平民，照一七九三那樣，起反抗革命，且滚入里昂的沒有成功之革命。法政府控他是受僱于普魯士的經理，困過多少困難，逃到巴瑞士。他同馬克思派爭執，因有國界之爭，越鬧得利害。　巴枯甯和在他後來的克魯泡特金意見一樣，看德國的新勢力，對于世界的自由，有頂大的阻礙。　他憎惡德人很利害，一方面自然因爲畢士馬克，但或者他方面更因爲馬克思。　此時無政府主義的傳播，幾乎限于拉丁民族諸國，且聯着有憎惡德國之心理，這種心理實在起源于馬克思和巴枯甯在『國際勞動聯合』之爭執。

一八七二年『國際勞動聯合』在海牙開大會，巴枯甯的爭執，受了最後的壓服。　開會地點，是評議會決定（馬克思在此沒有受人反對），意在——巴枯甯的同志這樣抗辯，——使巴枯甯不能與會（因爲德國政府之敵視），和給他的同志一些困難。　後來根據一個報告、說巴枯甯犯着偷竊等事，遂以威嚇手段爲後盾，逐他出國際聯合。

『國際勞動聯合』的正敎，從此安定，然而他的生機也容犧牲了。　自此以後，他自己再不能成爲一種勢力，兩派在他們的各種團體，繼續前進，而那社會黨的團體，發達得特別快些。　最後又有『新國際聯合』發生（一八八九），直至今次大戰開始而止。　至論『國際社會主義』將來如何、雖難逆覩，然而世界的觀念，已有充足的力量，所以在戰爭之後。似乎再須有如從前在「社會黨大會」那些樣子的表現方法。

巴枯甯此時身體已經衰頹，除了少數時期外，已經退居，死在一八七六年。

巴枯甯生平，備嘗許多艱難困苦，和馬克思不同。各種反抗强權的革命，常得他的同情，且未嘗對於個人的危險，有毫絲顧忌，因爲他的人格，能感動重要的個人，所以他的影響，非常之大。他的著作——與馬克思不同，正如兩人的生平一樣是紛亂的，除了那些對付政潮的文學外，大多由過去的時會激刺"作，所以離不了玄想與抽象。他不大曉得經濟的事實，但游移於理論和玄學之領域。他離了這種領域，他的理論歸結到國際時政，不如馬克思那麼樣以經濟原因爲基礎。他贊美馬克思說明這個學說，（原註）『馬克思是一個思想家，那是對的。他曾創立一條原理，以爲歷史上一切政治，宗敎，法律的進化，都不是原因，只是經濟進化的結果。這是一個大的和有結果的思想，但他并不是絕對的發明者，有許多人也猜度過，發表過一部分了；可是無論如何，實實在在建立和說明這個理論，做他的全部經濟系統之根據，這個榮譽，是歸他有的。』（一八七〇）書同上，卷二，頁十三。雖然仍是着想到國家方面去。他的最長之著作，叫做『野蠻的德意志帝國與社會革命』

(“L'Empire Knouto-Germanique et la Révolution Sociale,”)，大部是講法國在法普戰爭末期的地位，和抵抗德人的帝國主義之方法。他的著作，大多是在兩個革命時期中間匆匆做成的。他的無政府主義就夾雜在一些缺乏文學結構的文學中。他那最有名的著作是一些零星段片，編輯在題名叫做『上帝與國家』(God and the Stae)。(原註)這個題名不是巴枯甯自已用的，是克非若(Cafiero)卲可侶(Elisee Reclus)編輯時所造，他們不知道這是作者想作爲『野蠻的德意志帝國』(見原書卷二，頁二八三〇)第二篇的一個片段。在這書裏，他以信仰上帝和國家，是人類自由之兩大障礙。今舉一段，就可以顯證他的體裁。

國家不是一個社會，他不過是一個歷史上的法式，其野蠻有如他的抽象。他在各國歷史上的起源，與殘暴，搶掠，聯袂而至，簡單來說，就是起源於戰爭和勝利，各國的神學幻想，復繼續創造了許多神佛以伴之。他源起是這樣，現在仍舊是這樣，野蠻的暴力，和不平等的勝仗，便是天神的命令。

國家就是強權；就是武力；也就是鋪張聲勢，和神智昏迷的強力：他不能改變自己；他也不想化導他人………

即使他命令是善的，他却阻止和破壞了他，正因爲是他所命令，和因爲每一個命令激起合法的自由之反抗；又因爲那善的，由他命令的時候起，從眞道德，從人類的道德（自然不是天神的），從人類的尊嚴和自由的眼光看來成爲惡的。 自由道德，和人類的尊嚴，恰地涵着這個意思：他行善，不是因爲被人所命令，但因爲自己覺着他，願意他，和愛他。

我們在巴枯甯的著作裏，找不着他目的中的社會一個淸析的描摹，也找不着什麽議論證明這種社會可以穩固。 要是我們想明白無政府主義，那就一定要向他的後起者的著作找去——而尤須特別注意克魯泡特金。 克魯泡特金像巴枯甯一樣，是俄國貴族，親歷過歐洲監獄；又像巴枯甯一樣，是一個無政府主義者，姑無論他主張世界主義，也深印着反對德人之心理。

克魯泡特金的著作，以注重生產的專門問題居多。 在『田莊，工廠，和手工場』（Fields, Factories and Workshops）和『麵包之戰勝』（Conquest of Bread）兩本書裏，他證明如果適更進步的科學方法，更完善的組織去生產，一種十分有趣而比較上少些的工作，便可以供給人類全體安樂過活。 卽或假定此說非我們現在的科學智識所能做到，然而我們必要承認他的持論，實是包涵大部分的眞理。 而且他研究到生產問題，他已經證出他知道眞正重要的問題是什麼。 倘若文明和進步，是與平等有密切的關係，那麼就不應該除人生必需品外，連累很長鐘點的苦工；因爲除了工作之外，沒有閑暇，美術和科學，便要消滅，各種進步，也因之而不可能了。 那些根據這一點來反對社會主義和無政府主義的，正因爲不知道勞動之可能的生產力罷了。

克魯泡特金目的所在的制度，姑不論他可能與否，然而就生產方法上講，確要大大的改良，超乎今日普遍所用的之上。 他主張完全廢除工資制度，不但如大部分的社會黨那麼樣，以爲付給工資，所以使人願意做工，不單是要求他做工，且由此更進一步，主張將來社會上，不強迫人去做工，而所有一切的東西，平均分配與人民，各人有他的一份。 他信賴能使工作變成有趣的可能力：他的意見以爲在他所設想的社會，實事上人人將樂於做工，不會懶惰，因爲那時的工作，既無過度之患，又無奴隸之虞，也沒有工業主義帶來的過度之分功，做工只好像一日幾小時有趣的活動，使人對於『自發的建造之衝動』(Spontaneous Constructive Impulses) ，有一個發展而已。 將來社會沒有强迫，沒有法律沒有政府以使用强力；但仍有『社會的契約』，然而這些契約都是由全體同意然後定下，不是由一部分或少數的人强迫他人去服從。 至於這種理想，有幾許可能實現，我們將在後篇考察他一下，但克魯泡特金表現這種理想，具有異常的勸化力和魔力，這是不能否認的。

我們倘若以公正的心去說無政府主義，就不該說他是激烈危險，因爲他們同警察爭鬥，致使一般市民以爲這是一個可駭的名字。 其實無政府主義的一般敎義，本來沒有懷藏一點激烈的方法或極端仇視富人的意思，而且許多主張這種學說的，都是很有溫文的人格，完全與暴亂相反之氣質的。 不過無政府黨報紙的一般聲調，稍爲激烈，看去似乎神志不淸罷了，至于那些通告，尤其是拉丁諸邦的，嫉妬富豪的心、比憐憫貧困者的心爲甚。 狄拔 (Felix Dubois) 著的『無政府黨之危險』(Le Péril Anarchiste) 一書，(原註) 一八九四年巴黎出版。

是立於反對無政府主義之地位而做的，雖不完全可靠、但却動聽、其中諷刺畫，都是由無政府黨的報紙雜誌翻印下來的。　那反抗法律的革命•除了有些人拿一副爲人道的眞誠自制外，自然不顧平常所承認的一切道德的規律，以致於報復尋仇，痛苦萬狀，由這裏發生出來的事情，就難有善良的了。

普通無政府主義最特別的狀態中的一個，就是他那很象耶敎徒樣的殉道主義，所差別的不過是拿斷頭臺（在法國）代了十字架能了。　許多因爲激烈的行爲而死於官吏之手的，都爲的是殉他們的信仰無疑，但別的，受同樣的榮名，却有可疑之處。　拉華高(Ravachol)以一八九二年，因爲各種謀炸事件，上斷頭台去，他的敎儀，是這些被壓迫的信仰衝動而發展的最奇怪的例中之一。　他的過去歷史如何，無人知道，但他死得非常勇敢：他臨終的話，是一首很著名的無政府黨歌——『祖勝父之歌』(Chant du "Pére Duchesne")內有三句：——

要是你想快樂，

天呀！

吊你的所有主。

(Si tu vieux êlre heureux,
Nom de dieu!
Pends ton propre'taire.)

（一）譯者按：拉華高上斷頭臺時，口裏唱的歌，是『祖勝父之歌』全篇，這篇歌沈痛得很，所以很有感動人的能力，今把他轉錄于此，以待讀者參考。

I

Ne' en nonante-deux,
Nom de dieu! } bis
Mon nom est per' Duchesne.

Marat fut un soyeux,
Nom de dieu !
A qui lui porte haine,
Sang-dieu !
Je veux parler sans gêne,
Nom de dieu !
Je veux parler sans gêne.

II

Coquins, filous, peureux,
Nom de dieu !
Vous m' appelez canaille,
Des que j'ouvre les yeux,

Nom de dieu !

Jusqu'au soir je travaille,

Sang-dieu !

Et je couch' sur la paile,

Nom de dieu !

Et je couch, sur la paille,

III

On nous promet les cieux,

Nom de dieu !

Pour touse rècompense,

Tandis que ces Messieurs;

Nom de dieu !

S'arrôn dissent la panse,

Sang-dieu !

Nous crevons d'abstinence,

Nom de dieu !

Nous crerons d'abstinence.

IV

Pour mèriter les cilux,

Nom de dieu !

Voyez-vous ces bourgresses,

Au vicair' le moins vieux,

Nom de dieu !

S'en aller a confesse,

Sang-dieu !

Se fair' p' loter les fesses,

Nom de dieu !

Se faiy' p' loter les fesses.

V

Guand ds t'appellent gueux,

Nom de dieu !

Sus á leur èquipage,

Un pies sur le moyeu,

Nom de dieu !

Pous venger cet outraze,

Sang-dieu !

Crache leur au visaze,

Nom de dieu !

Crache leur au visage,

VI

Si tu veux être heureux,

Nom de dieu ¡

Pends ton proprie'taire,

Coup' les curès en deux,

Nom de dieu',

Touts les èglis's par terre,

Sang-dieu !

Et l'bon dieu dans la m·······

Nom de dieu !

Et l'bon dieu dans la m·········

VII

Peuple trop oublieux,

Nom de dieu !

Si jamais tu te léves,

Ne sois pas gènèreux,

Nom de dieu !

Patrons,bourgeois et Porêtres,

Sang-dien !

Mèritent la lanterne,

Nom de dieu !

Néritent la lanterne,

那無政府黨之先進者自然不尊他爲聖徒爲之紀念；但黨徒中此風却是很盛

從這種現象去評判無政府黨的教義或他的最要之代表者的意見，便容易陷於不公道；然而無政府主義使他本身吸引了許多近於瘋顛境界和犯罪的行爲，這也是一件事實。（原註）一切較好的無政府黨之態度，已由必文頓(L. S. Bevington)的話表現出來：『我們自然知道那些自稱做無政府黨的之中，有少數熱心過度的人，看各種不合法的和感情暴烈的行動，是神經病者而願意做的事。 他們屢屢爲金錢收買了的議論，爲沒有堅定的智力，和道德心也很薄弱的警察與報紙增加材料。 他們和他們的暴亂，以及他們自認的無政府主義，都可以出賣的，而在最後的巢窟，和中等階級之有力的黨員在他反抗平民之救助者的慘刻戰爭，他們都有人歡迎』的。他的結論，是很通達的：『任我們留那不分辯的殺戮及傷害給政府——給他的政治家，他的經紀，他的官吏，和他的法律去做罷』！（見『無政府主義與暴亂』九頁—十。"Anarchism and Violence pp. 9—10, Liberty Press, Chiswick, 1896）。我們必要記得那些官吏和毫無思想的羣衆之解釋，常常把那些眞英雄的思想高的苦心經營了他的學說，爲着學說的宣傳犧牲安樂與成功的人，同一個衆所同惡的運動之寄生虫混做一談。

那激烈派者拉華高一類人的戰鬥，至一八九四年，已經中止了。此後，在比羅蒂埃（Pellovties）的勢力之下，較善良的無政府黨，在同業聯合及勞働介紹所主張革命的工團主義，因此爲害較少。

無政府共產主義者理想中的社會之經濟組織，與社會黨所要求的，本來沒有很所的差別，所不同的就是政府一事：無政府主義者以爲就算有政府，也要全體被管理者的同意，不特多數同意便算了。多數的治理，和少數的治理，同一違反自由，這是無可否認的：多數之神聖權，是獨斷的敎條，其不具絕對的眞理，正如少數之神聖權沒有分別。强有力的民主國家，往往壓制他最好的市民，就是那些有獨立思想使他們勇進的市民。民主的議會政治之經驗，已經指示和初期社會主義者所希望的相去甚遠，而無政府主義者反對他，更不足奇了。但純粹無政府主義的革命，仍是薄弱散漫，惟有工團主義，和工團主義的運動才把反對用議會政治及純粹政治方法來解放傭工的革命，推廣出來。但這種運動，必須分章研究。

第三章　工團主義者的革命

工團主義在法蘭西，起於反對政治的社會主義，我們想了解他，必先略述社會黨在各國所已得的地位。

社會主義經法普戰爭一大挫折後，逐漸復興，四十年來，西歐各國社會黨勢力的增加，幾無已時，但他的發達，也不能免學派發達的前例，信仰的越多，信仰的濃厚越減。

在德國，那社會黨成為國會中最有力的黨派，他的黨員之意見雖不一致，但他以德國最特色的武力訓練之本能，保存他的形式上之統一。一九一二年國會選舉，該黨人數占選舉數三分之一，最後選出的三百九十七人，該黨占一百一十個。伯伯爾(Bebel)死後，修正派——首先發動於伯恩斯泰因——打勝那較為嚴格的馬克思派，在實際上該黨變為不過是一個進步的急進主義罷了。多數和少數社會黨在戰爭期中所發生的分裂，將來有什麼效果，現在還不能預料。工團主義的蹤跡，在德國還看不見，至於他的那種學說——捨棄政治的行動而取工業的行動——也幾乎沒人贊助。

在英國，馬克思從來也沒有多少黨徒。社會主義之在英，多半由於費邊派（Fabians）（創於一八八三年）所提倡，這派捨棄了革命的主張，馬克思派的價値論及階級戰爭說。以後所留存的，是『國家社會主義和「改造人心」的理論。他們要使店員之類，眞正知道社會主義，委實足以大大增進他們自己的力量。他們也要使同業聯合浸透這種信仰，以爲工業行動的時期，已經過去了，他們必要轉而注意政府（由表同情的店員祕密爲之鼓吹），以使一點一滴的實行社會黨的方針，使不致引起富人方面的敵視。『獨空勞動黨（成於一八九三年），雖然直至今日，尤是戰爭開始以來，保存原始社會主義家的熱誠，但先是大半已受費邊派思想之感化。他的目的常在與工人的工業組織互相幫助，一千九百年同業聯合和「政治社會黨」合併組成「勞動黨」，（原註）「獨立勞動黨」不過是「勞動黨」之一部。以他的力量居多。自從一千九百零九年以來，所有一切重要的團體，都附屬到該黨，姑不論他的實力是從同業聯合得來，但他却常參與政治上的活動。比工業上的較多。他的社會主義是理論上的和學院式的條文，至在事實上，到了戰爭發生，國會中的勞動黨議員（其中一九〇六年選出的有三十人，一九零十年選出的四十二人〕簡直可以算做自由黨的一部分。

法國和英德不同，他不以僅僅重述舊話繼續減却他的定力爲滿足，更有一種新的運動，(原註)在意國亦然。 意人運動略史，見無產階級運動圖書館板 Bibliothe-que du Mouvement Prolétarien 闌西督 A. Lanzillo 做的『意大利勞働者之運動』"Le Mouvement ouvr.er en Italie"又見督意 Paul douic 的『歐人的工團主義』"Le Syndicalisme Européen" 第六章。 別方面柯爾 Cole (『勞働世界』"Wored of Labour" 第六章) 以爲意國眞正的工團主義之力量是很小的。 最初叫做「革命的工團主義」——後來簡稱爲「工團主義」——保持那原始的衝動之力量，字面上雖和社會主義脫離，却仍忠於舊日社會黨的精神。 工團主義和社會主義及無政府主義不同，他始於一種實在的組織，而發展那適合於他的思想，至于社會主義和無政府主義則始於思想，到後來才發展他們所據以爲擺渡的組織。 我們想了解工團主義，首先要敘述法國的同業聯合組織，和他的政治環境。 工團主義的思想由此將顯出是政治的及經濟的地位之自然結果。 這種種的思想並不是新的：他們幾乎都是來自舊的國際勞動聯合之巴枯甯派。 (原註)這是工團主義者自己也常常承認的。 看——例如——一九一三年二月號工團主義者內載舊國際勞働聯合一文，這篇由一個表同情于巴枯甯的人述，馬克思和巴枯甯之衝突的事實後，說：『巴枯甯的思想，現在比舊時尤爲活動』。舊的國際勞動聯合在法普戰前，有很大的成功；在實際上，一八六九年該黨所有的法國黨員，有二十五萬之多。那年國際勞動聯合在巴梨 Bale 開大會，法國代表所主張的，就是工團主義者實行的計畫。（原註）看哲學博士勒文 Lous Levine 的法蘭西之工團主義"Syndicalism in France"（哥倫比亞大學政治學研究 Volxlvi. No. 3.）頁四二——三及一六零這是關于法國工團主義之起原和進步的一本很客觀的和可靠的紀述。至于他的思想和現今的地位之短而精妙的討論，可以看柯爾的勞働世界 (G. Bell and Sons) 尤其是第三，四和十一數章。

一八七〇年之戰，使法國社會黨運動一時爲之消滅。到了一八七七年介士德 Jules Guesde 才把他復活過來。法國的社會黨和德國不同，早已裂爲數派。一八八年上半年，社會黨分爲議會派的社會黨和共產無政府黨。後者以爲社會革命劈頭第一件事應該是廢除國家，所以和議會的政治斷絕關係。無政府黨自一八八三年以後，在巴黎及南方占着優勝。社會黨以爲社會黨的社會確實成立以後。國家必將消滅。一八八二年社會黨分爲兩派，一是介士德派，這派自稱爲代表馬克思之革命的和科學的社會主義，二是布魯士 Paul Brousse 派，這派多近於機會主義者，也叫做可能派，不大注意馬克思的理論。 一八九〇年布魯士派復裂爲二，一派奉阿利曼 Aelemane，吸收黨中革命的分子，成爲一些最強的工團之領袖人物。 別派就是那獨立社會黨，其中如柔來 Jaurès 米勒蘭 Millerand 維懷安尼 Vivian 都是屬於該黨的。 （原註）看勒文 Levine 第二章引句。

社會黨各派別的紛爭，致令同業聯合發生許多困難，遂有屏政治於同業聯合以外的決議。 由此遂到工團主義是一個容易的步驟。

一九〇五年以來，「法國社會黨」Parti Socialiste de France（「法國勞動在革命社會黨」Partiouvrier Socialiste Révolutionnaire Fancais 以介士德爲首領）和「法人社會黨」Parti Socialiste Revolutionnaire Francais （以柔來爲首領） 聯合之結果，只有兩個社會黨的團體，就是「聯合社會黨」及「獨立社會黨」，後者屬于智識社會不願意爲一黨所束縛。 千九百十四年，普通選舉在全數五百九十八中，前者占一百零二個黨員，後者占三十個。

一八九九年社會黨人米勒蘭(Millerand)做了華爾德盧梭(Waldeck-Rousseau)內閣閣員，因此各種團體接近的傾向，爲之頓挫，這事對於法國進步的政治思想之全體發展，異常重要。米勒蘭正如時人所料，不久就變了節，不再做社會黨，那些反對政治活動的人，以爲他的得志，便足以證明政治獲勝是無用的了。有許多法國的政治家，以社會黨的資格而置身政治生涯，等到大權在握，乃至借軍隊之力。來壓制罷工，毫不希罕。米勒蘭的行動乃是許多同類之中最著名和最令人驚異的。他們的種種影響，使法國較有階級覺悟的傭工對於政治生出一種憤恨主義，而這樣的心理，正大大幫助工團主義之傳播。

工團主義的精要乃在於代表生產者反對消費者的意見；他注意改革眞正的工作和工業的組織，不純是以獲得工作上較大的報酬爲事。他的力量和光明的性質都是由這個着眼點得來。他的目的。想以工業的活動，代替政治的活動，和使用同業聯合組織，辦那正宗社會主義倚靠議會去做的事。「工團主義」其初不過是同業聯合主義之法國的名稱，但法國之同業聯合主義者。變爲兩部，一爲改良派，一爲革命派，惟後者才和我們所講的「工團主義」之觀念相合。　工團主義者的組織或觀念，在戰爭終了之後。　有無變遷，現在尚不能預料，以後所講的各件，都只應用於戰爭以前的工團主義罷了。　法國的工團主義將來也許失去他的明瞭的運動，但即令如此，他也不會失去他的重要，因爲他已經給各文明國以更有力部分的勞動運動一個新的衝動和方向，就是德國也不能說沒有受過他一點影響。

　工團主義所倚靠的是「勞動總會」(Confédération Générale du Travail) 平常叫做 C. G.T. 創於一八九五年，但到了一九〇二年才達到他們最後形式。　他本來沒有什麼很大的勢力，但每當危急的時機，有許多不是他的會員也願意聽他的指導，由此得到很大的勢力。柯爾君計算過，開戰前一年該會會員約有五十萬以上。　同業聯合(工團主義者)在一八八四年由華爾德盧梭認爲合法的團體，至C.G.T.成立於一八九五年，係由工團主義者七百人聯合而成。　此外尚有創於一八九三年的「勞動介紹所聯合會」(Federatin des Boures du Travail)。「勞動介紹所」是一個地方的組織，不是屬於某種行業，不過地方的勞動總會，他的目的在於辦理勞動者之介紹，和爲勞動者執行職務，正如商會之於雇主一樣，（原註）柯爾原書，六五頁。　一個工團普通總是一種工業之地方的組織，所以不過那「勞動介紹所」。　(原註)工團在法國仍是一種地方的聯合——現今只有四處國民的工團。　(原書六六頁)。　在比魯地垓(Pelloutier)方才能的領袖之下，「介紹聯合會」比C.G.T.尤爲繁盛；最後在一九〇二年，兩下裏合併了。　這個組織是地方工團兩次聯合之結果，第一次和他的地方別的工團合併，組成地方的「勞動介紹所」，其次又和別的地方之同樣的工業工團合併。　『這個新組織之目的在於得每一個工團二倍以上的團員，叫他加入該地方的「勞動介紹所」，和他的工業聯合會。　C.G.T.的章程(一，三)把這點說得很明白：「工團要是不和勞動介紹所或和一個包括許多團體的地方或支部工團聯合及信從他，無論那個工團不能爲C.G.T.的一部分」。　所以拉加德(Lagardelle)說，那兩部將互相規正各自的意見：工業的國家聯合可以防止地方主義，而地方組織可以監視那團結或同業聯合的精神。　勞動者將立刻知道在一個地方，和一切勞動者在一種工業上的互助，他們將同時知道全體勞動階級之完全的互助』。　(原註)柯爾原書六九頁。

這個組織多半是比魯地垓的功勞，他曾任「介紹聯合所」書記，由一八九四年到一九〇一年死時爲止。 他是一個無政府共產主義者，所以把他的思想輸進這個聯合所，他死後，C.G.T.和「介紹聯合所」合併，他的感化力於是傳到了C.G.T.。 他甚至把他的主義實行到，該會的管理上去：使那評議會不要主席，選舉也很少舉行。 他說：『革命的職務是解放人類，不特脫離一切強權，并且脫離一切制度，因爲生產之發達不是他緊要的目的』。

C.G.T.給他的組織中之每個單位以許多自治權。 每個工團不論大小都算一個單位。這裏並沒有像英國同業聯合中占大部分的友誼社會之活動。 他不發命令，惟有純粹的勸告而已。 他不許介紹政治到工團中去。 這個決議首先根基於社會黨內面的分派——把團體破壞了，但以一般無政府黨反對政治之故，這種主張在重要的部分之心理，越加深固。 C.G.T.尤爲一種決鬥的組織：在罷工時，他是別的勞働者聚集之中心。

C.G.T.有一部分是改良派，但是在實際上却常占少數，這個會的持義和目的，是做革命的工團主義之機關，這也是他的領袖之唯一信條。

工團主義的重要主義是階級戰爭，進行上常取工業方法而不取政治方法。 他所主張的重要之工業方法，就是罷工，抵制，標貼，和怠工。

抵制的各種形式，以及標貼，表明一切工作依照同業聯合的條件做的，在美國勞動競爭中，占一個很大的部分。

怠工是實行不肯努力做工，或把已成的機器或工作毀壞，作爲在發生爭端中，因種種理由似乎不能罷工或不想罷工時對待雇主之方法。這種方法有許多式樣，有些顯然是沒甚罪惡的，有些却召致很大的反抗。店夥採取的怠工式樣之一，就是把該貨之眞相告訴顧客：這種形式雖然會損傷店主的生意，但在道德的根據上，似乎不容易反對。在鐵道上，尤其是意大利的罷工，所採取的一種式樣，就是口頭上遵依一切規章，在實行上。却使火車行駛，成爲不可能的事。尙有別的式樣，就是把所有的工作做得非常小心，結果亦做得較好，但他的產品却是很少。除了這種種不算罪過的式樣之外，還有一種更進步的，譬如那令鐵道過險等事，這種行爲，一切平常的道德，都會當他是有罪的。主張怠工的人。算他是戰爭的部份，可是他的更猛烈之式樣（這是很少有人爲之辯護的）是殘忍的，或者是不便利的，就是他的較和平的式樣，也必致喚起工作之卑鄙習慣，這也很容易傳到工團主義者想介紹的新社會裏去。同時，有些資本家說這種方法如何損壞道德，我們也値得觀察，因爲當時機適合他們，他們自己便首先實行。如果報告不錯，這樣的實例在許多事情上，都見之于俄羅斯革命時。

工團主義者最重要的方法仍是罷工。平常爲特別目的的罷工，都看做演習，看做使組織完善及增進熱誠的方法，卽使他們對於爭持的特別目的終獲勝利，但自工團主義者看來，實不能爲工業和平之基礎。工團主義者利用罷工之目的，不是在乎得到雇主可以允許的那種零碎改良，是在於破壞雇主和工人之一切制度，得到勞動者完全解放的勝利。因此他們所要的是總同盟罷工，以充足量數的傭工完全停止工作，使資本主義爲之痲痺。代表工團主義在一般讀者心中多知道的索勒爾（Sorel）以爲總同盟罷工可以算做一種神話，像耶穌教義中的，基督再臨（Second Coming）一樣。但是這種意見，無論如何都是不適於那自動的工團主義家。若是使他們相信總同盟罷工不過一種神話，他們的毅力就會消失，而完全的希望變爲幻想了。 鼓動他們的只有在於他的可能性之眞正活動的信仰。 這種信仰政治的社會主義者很多批評他，他們以爲戰爭之得勝，在於獲得一個國會的大多數。 但工團主義者對於政客的忠實，很少信賴，以爲這樣的一個方法是不可靠的，更不相信任何無害於國家權力的革命爲有價值。

工團主義者的目的不及他的方法那樣明確。 那些智識者想解釋他——不常是十分忠實——說他是一個變易不居的團體，跟隨柏格森派的所謂『生之衝突』(Elan vital)，不必對於他所採之目的，有什麼十分顯明的限制。 可是他們的目的在消極方面無論如何是很彰明的。

他們以爲國家是資本家的制度，特別用來虐待一切的勞動者，所以要毀滅他。 他們不肯相信在國家社會主義之下有若何的較善。 他們希望看見每種工業之自治，但論到改正幾種不同的工業間相互關係之方法，却不甚明顯。 他們都是反對軍國主義者，因爲他們都是反對國家者，和因爲法國軍隊常用以壓止他們的罷工；更因爲他們都是世界主義者，相信各處的勞働者之唯一利益，全在於脫離資本家的專制。 他們的人生觀很同和平家相反，但他們反對國與國的戰爭，以為這種打仗之目的，和勞動者毫無關係。 他們反對軍國主義，甚於他事，所以戰爭之前幾年，常同官吏衝突。 他結果如當時所料，法蘭西眞是受人侵略，就停止了。

工團主義的學說，可以拿一九一一年九月工團主義者的鐵道工人第一號所介紹給英文讀者的一篇論文為之表證，下引的是取自這篇文章的：——

「凡工團主義，集產主義，無政府主義，目的均在於廢除現在的經濟制度，和現在許多東西的私有權；但集產主義在於以每人所有為之替代，無政府主義在於以無人所有為之替代者，而工團主義在於以有組織的工團為之替代。所以他純是一種同業聯合，奉誦社會主義所傳播的經濟學說與階級戰爭。 可是他極力反對集產主義所信賴的議會活動；所以他在這一方面，與無政府主義更加接近，所不同的，只在實行上，行動的範圍較為狹窄而已」（一九一一，八月，二十四，泰晤士報）

在眞理上，工團主義和無政府主義的分別，如此細微，所以這較新的和較少見的『主義』，有人爲之下一精確的定義，說他是『有組織的無政府』。　他是創自法蘭西之同業聯合；但他顯然是一枝國際的植物，他的根早已發見英國之土地最適宜於他的生長和結果。

集產主義者或馬克思派的社主義說他自己完全是一個勞働運動；但他不是如此，無政府主義也不然。　前者實是中等階級；後者是貴族，兩者都如上許多博學的產物。（譯者按，馬克思是中等社會，而巴枯甯，克魯泡特金都是貴族。）工團主義在另一面，他的原起和目的確是來自勞働者，與『階級』毫不相涉，而且決意剷除他。　泰晤士報 Times（一九一〇年，八月，十三日）爲英國報界中最有聲望的報紙，很敬重大陸的工團主義，所以把總同盟罷工的意義，說得很清楚：

『我們想了解他的意義，必要記得在法國有一個有力的勞働組織；他的公開和宣言之目的是革命，不特主張掃除現今的社會秩序，而且掃除國家。　這個運動叫做工團主義。　他不是社會主義，但在另一面，根本上反對社會主義，因爲工團主義者以國家爲大仇敵，那社會主義者理想的國家或集產派的所有權，會令勞働者的景況較在現今私人雇傭制之下，更爲不堪。　他們希望持以達到目的之方法就是總同盟罷工，這種理想約在二十年前爲法國某工人所創造，（原註）其實總同盟罷工爲一倫敦人名邊寶 William Benbow 者係渦文派 Owenite，在一八三一年所創造。　法國勞働會議大敗社會黨之後，在一八九四年所採用。自此以後，工團主義者之明顯的政策就是總同盟罷工，他們的組織就『是勞働總會』。

換言之，那法國有知識的勞働者已經覺悟，他相信社會(Societas)與國家(Civitas)，包含兩種不同的人類活動，其中並無必要的或願望的連結。人是羣的動物，沒有前一個，不能存在；至於沒有後一個，卻能度日裕如。那『政治家』即使他的職務不至積極的作惡，然而最少也是靡費的冗物。

工團主義者同政府的權力有許多激烈的衝突。一九〇七年與一九〇八年C.G.T.爲壓服罷工的事情，發表宣言，說政府是『一個暗殺的政府』稱國務總理是兇犯『克理孟梭lemenceau)。一九〇八年，在維倫奴聖佐治Vieleneuve St. Georges 的罷工，發生同樣的事情，幹事會爲首諸會員都被捕去。一九一〇年十月的鐵路罷工，巴利安君(Monsieur Briand)悉捕罷工的幹事員，解散鐵道工人，派兵代替罷工者的位置。這種嚴厲辦法之結果，遂使罷工完全失敗，自此以後，C.G.T.最大的精銳，轉向反抗軍國主義和國家主義上面去。

無政府主義對於工團主義者的運動，極表同情，但大多數無政府主義者不以爲總同盟罷工的方法，可以替代了他們認爲必要的激烈革命。　關於這事的態度，一九〇七年八月安士打潭(Amsterdam)的『國際無政府黨大會』，說得很正確。　這個大會提議說：『各國的同志，要自己加入工界的自治運動，傳播無政府主義的要素，如革命，個人自發，互助諸種觀念，到工團主義者的組織中去』。　又說同志要『傳播與幫助那有革命性質和引到社會改變的直接行動之方法和示威』。　並且決議說『無政府黨以爲破壞資本家和强權的社會，惟用武裝的暴動，和激烈的排除，才可以達到，有時也用總同盟罷工，和工團主義者的運動，但必不要使我們忘記那反抗政府武力之更直接的方法』

工團主義也許反詰說，當一個運動到了能夠藉武力反叛得勝的時候，沒有用總同盟罷工而不得勝的。　大概勞働運動之成功，專靠暴力是不行的，除在某種情形之下，不用暴力而仍可以成功。　單是這個駁議，已經有很大的理由，反對『無政府黨大會』所主張的方法。

工團主義就是代表普通所謂產業聯合主義，與職工聯合主義不同。在這方面，以及那屏棄政治方法而採取產業方法，是運動的一部、已經傳播到法國以外去了。產業和職工聯合主義間的區別，柯爾君說得頗詳。職工聯合主義『乃若干從事於一種單純工業的，或他們的工作，有密接的關係，可以彼此互替的，結合而成一種單純的聯合。但是『組織可以隨着一定的界線不是依照所做的工作，只依照工業的實際搆造罷了。全體工人同做出特別一類的貨物可以組織一種單純的聯合……組織之根據，不是依個人所屬的工藝，也不依所隸的雇主，而獨依他所從事的業務。這才正當叫做產業聯合主義』。（原註）柯爾『勞働世界』頁二一二——二一三。

產業聯合主義是美國的產物，由美國傳到英國，要是這個聯合算是實行階級戰爭的方法，其目的不在乎這個那個的細小改良，而惟在乎經濟制度的根本革命，那麼他是戰鬥機關之自然的樣式。『世界產業的工人會』平常稱爲I.W.W.的，就是採取這種意見。美國這種組織和戰爭以前C.G.T.之在法國狠相類似。他們兩者不同的地方，由於兩國經濟情形的差異，然而他們的精神却是互相吻合。　I. W. W. 對於他所想社會採行的終極形式，還沒有一定。他們會員中有社會主義者，無政府主義者，與工團主義者。　但是目前實行的出發點是顯明的：他們都以爲在現今勞働與資本關係中，階級戰爭是根本的實體，且必要用工業的行動，而尤以罷工爲最，以獲得解放。　I. W. W. 好像C. G. T. 一樣，其勢力實沒有駭怕他的所料之甚。　他的勢力不是靠他的會員，只靠危急時勞働者表同情的勢力而已。

勞働運動在美國由很大的暴力表示兩方面的特性。　C. G. T. 的書記助與　M. Jouhaux 竟承認C. G. T. 比較I. W. W. 還和平些。　他說：『I. W. W. 宣傳一種對壘行動的政策，這種政策在美國各部十分要緊，在法國是不行的。(原註)引自柯爾原書一二八頁。　約翰加拉涵布祿君 Mr. John Gralam Brooke 著的『美國的工團主義 I. W. W.』"American Syndicalism: the I. W. W. (一九一三，Maomillan板)，既不完全立在勞働者方面，又不是完全立在資本家方面，而惟以懇切無私的意見，想找出暴動和革命的社會問題一些解決，對於I. W. W. 的做事，說得煞是有趣。　美國勞働狀況與歐洲的大不相同。　第一呢，美國『托辣斯』的勢力非常之大：資本集中在這方面之進行，比別處較爲近於馬克思派的路線上去。第二呢，外國工人大羣輸入，使全個問題和那起自歐洲的全然不同。那些老練的工人，大多是美國土生，早已屬於甘巴君 Mr. Gompers 的『美國勞動聯合會』("American Federation of Labour")這聯合會代表勞動之貴族派。他們專想同顧主工作，排斥不熟練的僑民之大羣，所以他們算不得眞正組成一個勞働運動。柯爾君說：『現今在美國有兩個生活程度不同的工人階級，他們在顧主之前，幾乎同是沒有勢力的。這兩個階級既不能聯合，也不能拿出共同的要求…………『美國勞動聯合會』和『世界產業的工人會』既代表兩種不同主義的組合，還且代表兩種不同階級的勞工』。（原註）原書一三五頁。I.W.W.主張的是產業聯合主義，至於『美國勞動聯合會』主張的是職工聯合主義。I.W.W.以一九〇五年聯合許多組織而成，其中主要的就是自一八九二年創始的『西部礦工聯合會』。戴倫(Deleon)的門徒同他們分裂後，他們受了一個損失，因爲戴倫是『勞動社會黨』的首領，雖然屏棄激烈的方法，却主張『不要投票』政策。他所組織的該黨總部都在狄多 Detroit，至於那些主要部分則在芝加角。I.W.W.的理論，雖然沒有法國工團主義的那樣確定，却同是決心要破壞資本家的制度。　他的書記說過：『I. W. W. 將來同雇主階級立的契約只有一件——一切工業的管理權完全送還給有組織的勞動者』(原註)布祿書中的引語頁七九　西部礦工聯合會的希渥君(Mr. Haywood)關於階級戰爭和贏餘價值的教義純然是一個馬克思的信徒。　但是他好像所有在這運動的人一樣，專注重工業行動，反對政治的行動，與歐洲馬克思的信徒相反。　一部分自然可以拿美國的特殊情形來解釋，因爲近來在該國的僑民本沒有投票權。　I. W. W. 第四次大會修正一篇序言，才把他的動作之一般原理說出來。　他們說：『勞動階級和雇主階級，沒有一點共同的所在。　億兆的勞働人民若是不免飢寒，而那組成雇主階級的少數人過的是一切快樂生活，終不能有和平的一日。　除非全世界之工人組成一個階級，占取這土地和生產機關幷且廢除工錢制度，這兩階級間之爭鬥是免不了的。　我們必須把「廢除工錢制度」的革命口號寫在旗幟上，代替了那「一天好工價換一天好工作」的守舊格言』。　(原註)布祿書中引語頁八六—七。

許多的罷工都是由I. W. W. 和『西部礦工聯合會』所指導或鼓動而成的。　這些罷工表證那階級戰爭比世界各地所有的較爲痛苦與極端。　兩方面常是預備以暴力爲後盾。　雇主方面有他們自己的軍隊，而且能召集那義勇隊，在危急時，甚至可以求援於那合衆國的軍隊。法國工團主義者所說的什麽國家儼然是一個資本家的機關，這話說在美國特別確實一點。因爲由此而起的誹謗之結果，那聯邦政府所以任命一個有工業關係的委員去調查，他的報告刊行於一九一五年，其中所表白的事情，在英國是很難想像得到的。　那報告說：『那最大的擾亂，和那關於工業爭論的暴力之發生，起於違犯那算做什麽基本的權利，和由於統治制度之敗壞』。　（頁一四六）。　他所說的敗壞中，像法庭屈從武人，　（原註）『雖然人人以爲「召被拘禁者到法庭的命令」，只能由立法部停止他，但在勞動騷擾中，行政部竟然停止或不理會他…………勞動騷擾的事情發生，法庭應有主持武力的全權，且用這種武力，未嘗有人出來反對，或打算縮小他，除了在满他納（Motana），該地有一個民法學者的定案，因爲軍隊委員的反對，竟至取消』。　（『合衆國國會委任（一九一五）的關係工業委員之末次報告』頁五八）。

一當勞働爭議發生，人人之生命及自由都懸於國家之手，似乎惟統治者的命令是聽（頁七二），還有那用國家的軍隊，壓制罷工，也是敗壞的緣由（頁二八九）。　一九一四年(四月二十日)勒盧 Ludlow (Colorado 省) 的義勇隊與礦工開了一場仗，以義勇隊放火的結果，婦人孺子被燒死的很多。(原注)見Literary Digest, May 2 and May 16, 1914 此外還有許多別的接戰事例，可以舉出來，但這已經足以證明美國勞動爭議的特殊性質了。我恐怕近日僑民還占着工人一大部分的時候，這種性質不會消滅。這些困難一旦過去——他們必定過去的，不過時間早晚罷了——工人在社會上將漸次得到他的地位，使那促成階級戰爭的極端事情之苦痛的對敵漸趨於減少。這個時機一到，美國的勞働運動將或與歐洲的形式類似了。

可是他們的形式雖然不同，目的却是很相類蛙，產業聯合主義自美國廣播以後，英國受很大的影響，這種影響添上法國的工團主義，自然更加有力。我想如果同業聯合主義要改革社會的經濟組織——這個責任，他主張歸自己，而不歸政黨——則採用產業聯合主義，比之職工聯合主義爲絕對的必要，這是顯而易見的。產業聯合主義把會員按照他們所要攻擊的敵人來組織，職工聯合主義，却不如是。英國聯合主義仍和產業的形式離得很遠，雖然有若干工業，尤以鐵路工人，已經趨到這個方向，并且應該注意那鐵路工人對於工團主義和產業聯合主義特別同情。

然而純粹的工團主義在英國似乎不能得到很廣的傳播，因爲他的精神太近於革命和無政府，對於我們的民性，不十分恰合，其足以發生効力的，只是由C. G. T. 和I. W. W. 思想演繹而來的變形之行會社會主義(Guild Socialism)。（原註）『行會社會主義』的理想。最初見諸阿拉斯（A. R. Orage）所編的國民行會（"National Guilds" 一九一四年 Bell and Sons 板）和柯爾(Cole)的勞働世界第一次刊於一九一三年。柯爾的工業自治"Self-Government in Industry（一九一七年 Bell and Sons 板）和羅勒奇（Reckitt）及卑斯荷伐（Bechhofer）的國民行會的意義（"The Meaning of National Guilds" 一九一八年 Palmer and Hayward 板），應該參看，其他如國民行會聯盟所印的各種小册都是要看的。一般工團主義者對於行會社會主義的態度，去同情遠甚。一九一四年二月號工團主義者有一篇論文這樣評論他：『中等階級的中等階級，把中等階級的窮盡（我們已經說他是「愚蠢」了）之命令，大大的插進去，「行會社會主義」代表中等階級心理之最後苦心。他是工團主義的主要觀念之「退縮」，和這些觀念的一個「審愼的敗壞」………我們極反對行會社主會義的「國家」觀念。中等階級的人物，即使變做社會黨

到自由之路　九五

部不能把「勞動階級是他們的下級人」之觀念掃清；以爲勞働者要加以敎育，訓練，繩勉，質而言之，要保養許久，他們自已才能開步走。　不知那確當的眞理，適居其反…………我們敢說有尋常智能的普通傭工，他自已約束自已的能力比那些要敎導他的中敎育之中等階級高明得多，這本是很平坦的眞理。　他知道怎麽樣使世界之車輪旋轉』。　這種運動尙在幼稚時期。故於普通一般人中沒有什麽勢力。但一班青年主張的頗多，對於將來製造勞働意見的人，一定是很有力量。　戰爭期內，國家權力增加這樣多，使一般自然不贊成這種事情的人，更難相信國家萬能能夠是達到「千福年」(Millennium)的道路。　行會社會主義者的目的在乎工業自治，結果必減縮國家之權力，不是廢除國家之權力。　他們主張的制度，我相信是所有陳議中算最好的，且似乎是不必常靠暴力而獲得自由的一種，因爲在一個純粹的無政府社會。暴力是要提防的。

『國民行會聯合會』第一次的小册，發表他們的主要原理。　在工業上，每個工廠選舉經理，自由管理自已的生產方法。　工業中的各種工廠。聯成一種『國民行會』，關於工業上一切消售和利益的事情，由該行會辦理。　『生產工具歸國家所有，國家就算做社會的信託人，行會管理他們也算是社會所信託，並且給國家一種單稅或租錢。　任何行會若視自己的利益較重於社會的，就算違背他的信託，應受代表全體生產者和消費者的法庭公判。　這種聯合委員會算是最高的主權團體，爲工業的最高之訴訟法庭。　他不特能決定行會應納的賦稅；而且得以定實標準的價格，和隨時修改價格及賦稅。』每個行會可以完全自由分配他的收入給他的會員，他的會員都是該行會管理的工業區域內做工的人。『這集合行會的收入之分配，當由每個行會自已決定。　至于各行會對于會員或遲或早採取平均報酬之原理；還在討論中。』　行會社會主義承認工團主義的意見，以國家爲雇主不能獲得自由：『國家和市會變成雇主，結果和私人資本家沒有重要的分別。』　行會社會主義者把國家看做社會中之消費者，至於行會則代表生產的職能，所以國會和行會議會爲代表消費生產兩種相等的權力。　在這兩種之上聯合國會委員會及行會議會來決定關於消費者和生產者的利益。行會社會主義的意見以爲國家社會主義當人類不過是消費者，至於工團主義則當人類只是生產者。　行會社會主義者說：『我們的問題就是怎樣調和兩種不同的意見。　因此國民行會所以應時而生。　工團主義者要求各物均歸生產者之工業的機關，集產主義者則主張各物均歸消費者之地方的或政治的機關。　這兩種學說都有可以批評之點，我們要是單否認其一，就永不能調合兩者的見地』。

(原註)以上所引均見國民行會聯盟的第一次小冊，書名是『國民行會：對於同業聯合主義者的請願』("National Tuilds: An Appeal to Trade Unionists")

但行會社會主義雖然代表修正還兩種同樣有理的見地之企圖，他的衝動和力量，卻取自工團主義。　他同工團主義一樣，本來不是希望較優的工資，惟在乎使工作自身較為有趣，使組織較合於民治，以達到這種結果。

資本主義已把工作變成一種困苦無趣純粹的商業動作。　今以行會之國民的服務，替代少數的牟利之徒；以有責任的勞働，替代可以出賣的商品；以自治和分權制替代官僚和敗壞道德的近世國家及近世合股公司；這樣才可以有『樂在勞動中』之可言，才可希望人類的工作可以自誇的，不獨在乎量而且在乎質。　中古有一句口頭禪，『樂在勞働中』，但是冒着險去求那口頭禪之實現，或者好過永遠叫我們自己同資本主義與集產主義相混合，因為這兩種哲學，揚言勞働是一種必然的罪惡，永不能令他有趣，而勞動者唯一的希望，就是一個較長較富的閑暇，加之以美麗適意的都市。（原註）行會思想 "The Guild Idea 國民行會聯盟第二種小冊頁一七。

工團主義能否見諸實行始不必論，但他提出來的觀念已經做了很大的功夫去振起那勞働運動，和恢復若干很容易為人忘記的根本重要之事件，這是無可疑的。工團主義者看人是生產家，不大顧及他也是一個消費者。他們視獲得工作上的自由，實重於增進物質的幸福。他們重新追求在議會派社會主義制度之下變為慘淡的自由，並且喚醒人類，以為我們現代社會所需求的，不是這裏那裏不關痛癢的改良，和不是現在掌權者所易於允許的微小之整頓，惟在於一種根本的改造，把一切壓制之源泉掃除淨盡，解放人類之建設能力，使人類對於生產和經濟關係之感覺和管理得一種全新的道路。這個功績是怎樣大，所以他所有的一切小瑕，為之掩蓋，即使他的僅實之運動與戰爭同成過去，而工團主義的功績將是繼續不朽。

第二部　未來之問題

第四章　工作與報酬

那想創立一個較善社會的人，有兩件事物阻礙着他，第一件是『自然』，第二件是人類。從廣義來說：對付『自然』之阻礙的是科學，至於政治和社會的組織，都是戰勝人類的阻礙之方法。

經濟的終極事實就是『自然』只以勞動的結果產生貨物。

因爲滿足我們的需要，所以必要有些勞働，這不是政治制度的欺騙，也不是勞動階級爲人所利用；他是出於物質的原則如此，這些原則，那改革家也和別人一樣必要承認和研究。

於未曾對於各種樂觀的經濟計畫認爲容易施行之先，我們必要考察生產之物質的條件，是不是一個不能變易的阻礙，抑或用科學和組織，能否充分把他們改變過來。

考察這個問題，有兩種相聯的學說必要商量：第一是馬爾塞斯(Malthus)的人口論；第二是那較薄弱的，但十分盛行的意見，以為大多數人

一〇一

類要做很長的孤寂或痛苦之工作，留下很少閒暇，去營文化的生活或理性的享樂，才可以於人生必需品以外，產出若干剩餘。 我不相信這兩種阻礙樂觀主義的理論，經過精密的考驗，將還能存在。 生產方法上的技術改良之可能性，我相信這樣大，所以無論如何在未來的許多世紀，以同樣的增加貨物和減少勞動時間，必沒有在一般幸福的進步中，有免不了的障欄；

這個問題，克魯泡特金曾專門研究過，姑無論我們對於他的政治之一般理論是怎麼樣想，他所說關於農業的可能力，卻特別啓發，具體，且令人人信服。 社會主義者和無政府主義者大多是由工業的生活產生出來，而他們之中很少有關於食物生產問題的實際智識。 但克魯泡特金是例外的。 他著的兩本書，『麵包之戰勝』("Conquest of Bread")（幸德秋水譯爲麵包略取，以入中文，似爲不辭）和田莊，工廠與手工場(Fields, Factories and Workshops)（余舊譯爲田莊與工廠，取便稱謂，今直譯。譯者附注。）有很多詳細的報告，雖未免過於樂觀，但我不想有人可以否認他指出爲多人所不相信的可能力。

馬爾塞斯爭持以為就實際論，人口常常向着增加到生資的限度，食物生產的量積越增加，他的用費越大，所以除了短少例外的時期，有新的發見，產生暫時的緩和外，全體人類必定常常在一個最低而與生存和蕃殖相容的限度。把這個學說應用到世界的文明人種上，因為生殖率的銳減，反變為不確，但除了這個減縮之外，此外還有許多理由，為什麼最少對於較近的將來，不能承認他是確當的。

馬爾塞斯著書以後的世紀之經過，幸福標準，在全體的傭工社會，有一個很大的增加，且因為勞働生產品有一個很大的增加，所以幸福標準，如果建立了一個較為公正的分配制度，更可以做到了一個大得多的增高。從前一個勞動者的生產多過一已餬口所需要的不多，所以不能大減勞働的正當時間，或大增人口的分量，因為這人口享受多過人生的單純需要。但這種事情的狀態，已經被近代生產的方法改變了。近年來不特有許多人靠租錢或利息所得到的享受安樂的幸福，而且世界上大多數的文明國之人口，約有半數所做的工不是產生貨物，乃從事戰爭或製造戰爭的軍需。在和平的時候，這全體的一半，也許偷懶過活，都不能使其他一半較窮於戰爭時，設他們不偷活，也從事於生產，他們所產生的全部東西，將可以有一個可分配的剩餘，超過如今的工錢之外了。英國現在的勞働生產，即使沒有方法上的改良，每家每日可以得到約一磅的收入，然而改良方法，却是顯然立即可能的。

但有人將說：人口增加，食物之價錢終極必定增加，加拿大，阿根廷，奧大利亞，和各處供給的來源流也漸漸用盡了。悲觀的更要說：將來必定有一個時候，食物價格頓貴，那平常的傭工將很少在別的事情上，有多餘的使費。我們可以承認這話在有些很遠的未來，如果人口繼續有無限的增加，或會眞的。設使全球地面所住的人數像現在倫敦這樣稠密自然幾乎要全體人力在那些留爲農事的地方，生產必要的食物。可是這樣推想人口將來繼續有無限的增加，沒有什麼理由說得通，况且那個預期是這麼遠，在一切實際的討論上，也可以不必管他了。

由這些穩晦的臆測，回到克魯泡特金所舉出的事實，我們見得在他的著作中，已經證明用極好的種植方法——這已經在實事上做出來的——在一個指定的田畝生產出來的食物之數量，可以增加至超乎許多不知這的人測度可能的事件之外。 他講到英國和巴黎附近等處的農業說：——

他們已經創立了一種完全新的農業。 當我們誇說那循環制度，每年給我們有一回收獲，或三年有四回收獲，他們實在看不起，因為他們的目的，在十二個月間，由那一樣的田畝，要有六回及九回的收獲。 他們不懂我們說什麼好和不好的土壤，因為他們自己製造土壤，並且造得在這樣的分量，所以每年不能不賣了些出去。 如果不然，每年便會塡高他們的園圃半寸。 他們目的中的收獲，不是像我們一樣每埃卡（acre英畝名，合四八四〇方碼。）收五六噸草，是要在同樣的田土，產生由五十以至一百噸的各種菜蔬，不是僅值五磅的乾草，但值一百磅的菜蔬，最好的菜花和黃蘿蔔。 （原註）克魯泡特金，田莊，工廠和手作場頁七四。

至論畜牧，他說及三濱君（Mr. Champion）在滑地（Whilty）每埃卡的種值，養活兩三頭家畜，但反是在英國最好的農業，要兩三埃卡才養活一頭。 巴黎四週的種植之効果，尤令人驚服不已，如今想把這些効果通通寫出來，是不可能的，但我們可以注意他那全般的結論：——

現在有經驗的農業家敢說，西安（Seine）與聖埃華（Seine-et-Iise）兩處三百五十萬居民所應要的一切食料，以及動物和植物，在他們自已的地方（三千二百五十方里）生長，可以不必更要別的種植方法，就已經現用的就夠了——這些現用的方法，已試驗過，而且證明可以成功。（原註）前書八一頁。

我們必要記得這兩處地方，包括巴黎的全部人口。

克魯泡特金繼續指出許多方法，以爲無須很長的勞働時間，可以得到同樣的結果。他力說：有許多的農務可以由那些從事於不大行動的職業之去做，且以這樣的短時間，能使他們身體康健，和生出一種有趣味的轉換。他反對過度分功的理論。他所主張的是『完成論』（Integration），謂『社會中每個人是手工和智力工作的一個生產者；其中每個健全的人是一個工人，每個工人不特在田莊，而且也在工廠做工』。（原註）前書六〇頁。

克魯泡特金對於生產的這些意見，同他的無政府主義之主張，沒有極重要的關聯。他的意見在國家社會主義之下，同樣的可能做到，和在某種情況之下，甚至處於一個資本家的社會，未嘗不可以舉辦出來。他的意見對於我們現今的目的所以重要的，不因這些持論。能幫助某種經濟制度，抵抗別種。乃因這種理論。可以除去我們希望的障礙，使我們不復懷疑勞働的生產能力之事實。我對於農業較工業爲注意，因爲人人以爲困難的問題，大多在於農業。從廣義來說，工業的範圍擴張，生產的東西自然更加便宜，所以在工業上沒有理由爲什麼要求增加，應該引到供給的價格升高。

我們現在由生產問題之純粹技術的和物質的方面，說到人類的原動力——引人人類做工的動機，有效的生產組織之可能性，和生產與分配的關係。袒護現在制度的人，以爲有効的工作，如無經濟的刺激是不可能的；如果廢了工資制度，人類就不肯做足用的工作，以保持社會的安甯了。因爲這種力辯其是的經濟動機必要說，生產和分配的問題遂變爲紛糾。

多數社會主義者和無政府主義之主要的感動力，乃在於世界的貨物、應有較公正的分配之欲望。 我們因此必要商量一下，看他們提出來的分配制度，是不是有致令生產減少的嫌疑。

關於分配問題，社會主義和無政府主義間有一個根本的不同。 社會主義，無論何種派別，都主張保存工值，作工的人，或願意做工的，都給以工值，除了因爲年齡或身體不好不能操作之外，要使願意做工爲資養的條件，或某種最低限度以上的資養條件。 無政府主義在另一方面，目的在於用不着什麼條件，允許各人消費可以能有的通常貨物，至於那稀有的貨物，其供給不易有無限的增加，將逐日定量平均分給人人。 所以無政府黨不主張強迫人去工作，雖然他們相信需要的工作，可能改成充分合意，給大多數的人類，自已樂意去做。社會黨在別一方面，則主張強迫做工。 他們有些主張使一切工人收入平等，至於有些則主張留存高價的傭值，酬給那價值較高的工作。 所有這些不同的制度，不同的當中有一件相同的，就是土地與資本歸爲公衆所有，雖然他們對於所要建立的社會之種類有很大的差異。

社會主義主張不平等的收入，關於工作的經濟刺激，和我們現今的社會沒有狠大的不同。其不同之處，如限制產業繼承，由我們現在社會的眼光看去自然是好的。在現今的制度下，有許多人單由僥倖得到土地與資本的繼承權，因爲享受富有和懶惰。又有許多因工業或財政上的活動，享受與他們對於社會的功績差得很遠的收入。而他一方面，常有許多創造家和發明家的工作，對於社會很有功勞，而他們應有的報酬，若不是被資本家所掠奪，便爲公衆在當時所忽視。那報酬較好的工作，祇給那些能夠出錢練習的人去做，而這些位置大概總以僥倖中選，而不以才技高下獲進。傭工的人不因爲他願意做工授以工值，只因爲他的工作有利於僱主。所以他一旦遇着意外之事發生，便會淪於窮苦無告的地位。這樣的淪落是一個常有的恐慌，及至親歷其境，就免不了一種受不住的困苦，並且使那被苦人在社會的價值常常爲之低落。這是由生產方面看出我們現在制度罪惡中的幾件。所有這些罪惡，我們也許希望無論在任何社會主義的制度之下有所補救。

我們討論工作有幾許是要經濟的動機，有兩個問題必得研究。第一個問題就是：社會對於精巧的或社會上較有價值的工作，如果這樣的工作又要做到充分，要不要給較高的工值？　第二個問題就是：工作能不能變成很有趣味，使做出來的工作足用，雖懶人亦可以享受同樣的工作之生產品？　這些問題的第一個，成爲社會黨兩派的分別：那較和平的社會黨，有時承認雖在社會主義之下，保存各種工作的不平等之工値，也是好的。　至於那較澈底的社會黨則主張一切工人收入平等。　第二個問題在另一方面，成爲社會黨無政府黨之分別，後者以爲一個人如果不做工，也不應該褫奪他所需的物品，至於前者就不然了。

我們第二個問題，比第一個根本上重要得多，所以必先討論他，而在這討論的過程中，那對於第一個問題所要講的，自然找得他的位置。

給工錢還是自由分與？——『廢除工錢制度』是無政府黨和較澈底的社會黨之口語中共同的一句。　但就他的最自然之意義，這句口語，惟無政府黨才有權利用他。　無政府黨概念中的社會，以爲一切較普通的貨物，人人都可以自由取用，而無限制，如現在用水一樣。

（原註）『姑無論我們現在的商業生產給大衆心理以一種利己的趨向，而共產的趨勢是繼續要實現出來幷想進到公衆生活裏去。　現在有了公衆的橋梁，從前收錢的橋果消滅了，現在有了自由的道路，從前有柵欄的已經不用了。

這樣的精神充滿了整千整萬的制度。　博物院，自由圖書館，和自由公共的學校啦；公園與遊樂場啦；平坦而又有燈光的通衢，都任各人自由使用；送給私宅的『水供』(Water-Supply)，有了不限定各人用量的趨勢；電車和火車，已經開始設立季票或劃一的稅制，設使這些東西一旦歸爲共有，將必然從這條線路往前進行：所有這些都是指示我們所期望的往前進步由什麼方向』。　見克魯泡特金著的無政府共產主義（自由報版（Freedom Press, 127 Issulston st, N. W. 1.)。

鼓吹這個制度的以爲從前須要給價的如橋梁道路之類，現在已經歸爲公有，那麼這種不收錢的制度，不難推廣到電車及地方火車上去。　他們還且主張——如克魯泡特金那樣，以他的證據，可以使土壤的生產增加許多許多——所有較普通的食物，其出產量既容易應付任何種正當的要求，便可以任人各取他的所需。　如果這個制度能擴充到生活上一切的需要，每人單純的生活卽可穩固，至於人類的時間如何用法，可以不必管他了。　關於那些不能產生至無限量的貨物，如奢侈的和纖巧的，據無政府黨的方法，亦宜分配而無酬報，但依分粮的制度，舉凡可以獲得的量數，平均分給各人。　這種主張，雖然未嘗說及物價，但必有類似物價的寫在奢侈品之上，使人人可以自由選擇他所高興的一份：一個人願意好酒，別一個心愛那最好的呂宋烟，更有人願要圖畫或華美的傢具。 假使人人既得任意選擇他所喜的東西，那就要把相對的價格定起來，使要求得以平均。 在這樣的一個社會，那經濟的刺激在生產上必至於完全消滅，如果工作仍是要繼續下去，他就要藉別種動機了。 (原註)這個問題——和其他各種問題——的一個很好的討論，由一個有理由的與溫和的反對無政府主義爲立脚點，就是南逵著的『無政府與集產主義』一九〇四年，巴黎出版。 (Afred Naquets' "L' Anarchie et le Collectivism," Paris ,1904.)

這樣一個制度能以實行嗎？ 我們首先要問，如果人人可以由公共的貯藏所，任意取他的所需，那麼這樣大分量的生活要求，技術上能不能供給呢？

貿易的觀念早已成爲習慣，所以有人提議要把他廢除，劈頭就想到這是虛幻的了。 但他雖是貌似虛幻，而我不相信他究竟是虛幻。 如果我們人人獲得麵包，而無須用錢，我們就不必於所需的有限量數之外，取多過自己的要求。 因爲實際上，那麵包的原價，對於富人的利息，是這樣一個微小的比例，所以與他們的消費，沒有一毫障礙；然而他們所消費的麵包之數量，以改良的農業方法爲之管理，便很容易供給全體的人類。 (我不是說戰爭的時侯）。一個人所要求的食物，有自然的節制，至於那花費了去的，或斷不至於很大。無政府黨已經指出，現在各人享受一種無限制的「水供」，但很少有用完了之後，任憑水管自己流注的。況且我們還可以推測公衆的意見必反對這種過度的耗費。所以我們可以把這一點按下不提，我想所有一切物品，他的要求有一定範圍，缺乏時易於產生的，都可以採用無限制供給主義。這樣說來，如果生產都組織得很有効驗，人生需要所包括的，不只貨物，自然還有這樣的事物如教育。如果所有的教育，都是開放到最高的地位，少年人達到一定程度外，亦決無過分的需要，除非他們受無政府黨制度的根本改變。同樣的道理，適用於樸素的衣食，及其他供給我們一切不可少的東西。

我想我們可以斷說，在無政府黨自由分與的計畫上，沒有技術上的不可能。

但是如果個人雖然不做工，也能享受一般標準的幸福，那必要的工作，可以做出來麼？

有許多人回答這個問題，自然是否定；而尤以那些雇主為甚，他們習於斥責傭工是一種懶惰和貪酒的鄙夫，所以覺得若不加以革除和饑餓的恫嚇，他們一定做不出工來。但這是不是眞如那些偏見者所推想的那樣確實呢？　如果將來的工作仍是好像今日許多的工作一樣，除非迫於貧乏，自然很難引人去做。　可是爲什麼工作應該仍不改今日那種恐慌困苦的可怕情形，這是沒有理由說得過去的。(原註)『背乎人類天性的不是工作，是過度工作。　過度工作所以供給少數的奢侈——工作所以爲全體的幸福。　工作(Work)，勞動(Labour)，是生理的必要，這個必要，所以使費身體的貯蓄能力，並且是康健和生命自已的必要。　現在有許多各門的工作，所以做得弛緩的，單因爲他們要工人做過度的工作，不然就是缺乏正當的組織。但是我們知道——老樊克林(Old Fanklin)早已知道——如果我們人人從事於生產的工作，不像現在這樣耗費了我們的生產力：每人每天做四點鐘有用的工作，就很可以供給各人以一個適當的安樂，如現在小康的中等階級家庭所有的一樣了。　至於五十年來所屢次說過的幼稚問題：「誰肯去做骯髒的工作？」我誠可惜我們的學問家，總沒有做過這種工夫——姑無論僅估他們生命的一天。　現在所以仍有骯髒的工作，單因爲我們的科學家，總沒有用心想想那令他不要如此骯髒的方法：因爲他們常常知道有許多饑餓的人，肯以每日數辦士 Pence 的工值去做他』。(見克魯泡特金的無政府共產主義)。　要是只須養成人類做工的習慣，屛棄了強迫的性質，那社會顯著的事業，就是使工作具有興趣。　工作一日未曾成爲有趣之先，無論如何不能說是一個良好社會已經達到。　工作的痛苦是免不了的麼？

現在那好一點工值的工作，如那商業和職業的階級，大半是快樂些的。　我的意思不是說每一刻都是快樂，不過以爲那有這類工作的人之生活，總比那些享受同樣的入息而不做事的快樂些。　所有身體强壯的人，若想保存他們的健全和生活的熱誠，必須有某種量數的『勉行』(Effort)，和一種繼續前進的性質。　所以有許多做出來的工作，是不用報酬的。那思想高尚的人，也許以爲一個縣官的職務，是骯髒事業中的一種，恰如清暗渠一樣；但一個憤世嫉俗的人，也許以爲報仇的快樂，和道德的高超是這麼大，所以找那富裕的紳士，願意遣送那無告的人到監獄受苦去，沒有報酬，也不是難事。　除了親自享受工作的快樂外，希望鄰人的贊賞，和盼望効力的感情，也很足以保存許多人的活動。

但有人說，一個人肯願意揀擇的那種工作，必定常是例外，而大部分需要的工作，永遠都是痛苦的。　如果人類有一種容易的生活，誰還肯去做一個煤礦工或一個大西洋輪船中的火夫？　我想我們必要承認，有許多必要的工作，一定常常仍是不合意或最少是痛苦和沒趣的，如果無政府黨的制度可以實行，所有擔任這種工作的，必需有些特別的權利允許他們才可。 然而施行這樣的特別權利，將有害於無政府主義底圓通邏輯，這是不錯的，但我想斷不至使這種制度有若何眞正重要的破壞。 如果注意研究，有許多工作都可以弄成美術化。今日也常是獨因爲時間過久，使工作變爲討厭。 假使工作的正當時間減爲（譬如說）四小時；此外更加以較好的組織和較合科學的方法，有許多現在覺得討厭的工作，將變成適意了。要是——好像克魯泡特金的獻議——農業工作，不專爲一個受一世苦痛，幾乎淪於下流貧困的愚蠢之工人獨有的職業，今成爲正式從事於工業或腦力工作者的變換勞動。 又如果一切工作不復由舊的遺傳的方法爲之指導——傭工沒有智能參與的可能力——今轉而能找尋新方法和新創造，充滿了自由的精神，而且請那些做這工的之精神和實力的合作，那麼，農作可以由討厭而變爲快樂，並且爲做他的人康健和生活之源泉了。

無政府黨的理論，合於農業也合於工業。 他們以爲如果現在爲資本家所把持的大經濟組織，不管工人的生活，同業聯合也無可奈何，漸漸轉移爲自治會社，生產者得以決定一切方法，情形，勞働時間，種種問題，那就可以有無限的改良發生。 汚穢嘈雜等事，可以幾于消滅，工業汚惡之區，一變而爲美麗之地，那生產的科學方面之興趣，可以傳導到一切的生產者裏面，與夫若干天然的智能，和有些藝術家創造的快樂，便可以鼓勵工作的全部。所有這些，現在同實現相去得絕遠，將來可以由經濟的自治而產生。 我們可以承認，用同樣的法子，世界有很大部分應要的工作，終之可能使他充分有趣，令人不肯偷懶，甚至有些人的單純生活，無論他們做工不做，也可以有的，都願意去做了。 至於那剩餘的，我們必須承認，特別的報酬，無論以貨物或榮譽或權利，要賞給那擔任去做的人。 這種方法當不會招致任何根本上的反對。

人類之中自然有某部分是願意偷懶的。 如果這部分的人爲數不多，那還不打緊。 那些歸在懶人一流的 也許包含美術家，著作者，和專心在抽象智識上探討的人——簡言之，所有那些生前爲社會所不恥，死後而榮名所歸的，都是。 這樣的人，專心一志於自己的工作，不管社會承認他有利與否，也許有無限的價值。 我們看見有幾個詩人會有私產，那就曉得有幾許詩才因爲貧困而沒有發展出來了，如我們以爲那富人具天賦較好的詩才，這是不通的。 給這樣不多的人得享自由，必不算是如那些純粹偷懶的人之花費。

我們以上所講的，都贊成無政府黨的計畫。 據我的意見，這些議論，僅足以說明這種計畫，也許成功，但不足以證明他立刻可以實行。

無政府黨所提議可以實行的分配問題，如同許多別的問題，是一個分量的。 無政府黨的陳議，包涵兩部分：(一)所有的普通物品，應該隨意供給所有的需要者。 (二)不應該強迫做工 亦不得有經濟報酬，加諸各人，叫他去做。 這兩個陳議不必一定是不可分離的，都也不是限定無政府主義的全部制度，然而沒有這兩樣，無政府主義便難以存在了。 以上所述兩種陳議的第一個，雖在現今，也可實行於若干貨物，和在不很遠的將來，更可以實行於多些貨物。 他是一個容易進行的計畫，因爲這件或那件消費的貨物，既可列入自由使用的表目，便可隨時取消。 這種計畫的利益，有許多和各種，而世界上的實行，也向着這方面前進。 我想我們可以斷說無政府黨制度的這一部，可以漸漸的採用，以達到他們希望的圓滿擴張。

至於第二個陳議，以不應該有強迫工作，及經濟的報酬，這件似乎有可疑之點。無政府黨常常推測，以為如果他們的計畫見諸實行，人人自然會去做工，但我們對於這個意見，有許多話要說，決不如許多人一樣一見就承認的，所可疑之點，就是他是否已經足以說明他在實行上是適當的。也許在一個社會以經濟的壓迫工業已成為習慣，輿論可以有充分的力量使大多數不得不去做。（原註）「至於那屢次有人說過的反對，以為如果不用強迫手段，恐怕沒人肯做工，我們在美洲黑奴和俄國農奴來解放以前，已經習聞這話了。幸虧現在有機會得以歡迎這話的公正價值。因此我們不必再來破除那些單能以已成的事實能夠說服的人之疑團。至於有些人推想，他們應該知道，如果有某部最低級的人類，真是這樣，——然而我們知道的有什麼？——或者有些細小的社會，或孤立的個人是這樣，同他們不良的環境奮鬥不能成功，以至完全失卻希望，那文明國的民衆，卻不是如此的。至於我們呢，做工是習慣，偷懶是人力所養成的」。（見克魯泡特金的無政府共產主義頁三十。(Kropotkin, "Anarchist Communism" p. 30.)）。可是此外還有些疑惑以為這種情形究竟能不能長久？如果輿論真是有效，那就必需有些把社會分為小團體的方法，使每團的消費，等于他所生產的東西。　這樣就可以使那經濟的動機，在團體中發生效力，這種團體，我們既假定是很小的，如果有一個人偷懶，便影響及於他的集合股份。這樣的制度，也許易行，但他會與無政府主義的全般精神背馳，並且會破壞他的經濟制度之主要方針。

正宗社會主義對於這個問題的態度，與無政府主義很不相同。（原註）『無政府主義者對於生產既持這種綜合的意見，所以不能好像那些集產主義者一樣，主張工作的報酬，以每個人工作的時間爲比例，可以算是一個理想的或幾於一個理想的社會。』（見克魯泡特金的無政府共產主義頁二十）。　共產黨宣言（Communist Monifesto）所主張的直接方法中之最要的，是『人人負勞動同等的責任。設立工業軍隊，尤其是農業』。社會黨的理論，大概是惟有做工才有享受工作生的權利。　這種理論，自然有例外：那老的和那極幼的，那病的和有些人底工作暫時不需，而不是他們自己的罪過的，當然不計。　但社會主義對於我們現在的問題之根本概念，就是所有能做工的都强迫去做，不用饑餓之恫嚇，便藉刑律的作用。至於那承認爲唯一種類的工作，自然是推尊那官吏的工作了。 著書反對社會主義，或反抗那時政府所涵有的各種學說，必定不能承認爲工作了。繪畫的將不能異乎『皇家學會』(Royal Society)的式樣，而檢稿官不高興的戲劇，也不能產生了。 各種新思想也會遭禁，除非以感化力或壓迫力，那個思想家能溜進博學家的好名聲之中。 這種結果，社會主義者都不會預先看到，因爲他們設想以爲社會黨的國家，將來必爲如今日鼓吹這種主義的人所統治。 這自然是一種幻想。 那時國家的治人者對於現在的社會黨，將和君士坦丁(Constantine)後『教會』的威嚴，對於『使徒』有些少類似了。 那些主張非常改革的人，都是特別沒有自利之心，且極熱心於公衆的善。 但那些隨改革之後而攬權的，大多屬於野心行政的一類，這類人在一切時代，佔據着各國的政府，並且從來沒有不反對自由而肯與他做朋友的。

由此可以知道如果無政府黨的計畫有危險 社會黨的最少也有同樣的危險。 雖然我們所預見在社會主義下的罪惡，如今也有，但社會主義者的目的是醫治世界現有的罪惡，他們不能爭持以爲他們不會把事情弄糟些就算完事。

無政府主義對於自由有利，社會主義對於引人做工有利。我們能不能找出一個方法，把這兩種利益聯合起來呢？　我覺得我們是可能的。

我們見得如果大多數人皆做適度的工作，並且以科學和組織所能做到的，帮助生產，那麼人生所需的一切東西，就沒有好理由為什麼不能自由供給於一切的需要者。　我們所懷疑的，就是在一個無政府的社會，工作的動機，能否防止多數偷閑的危險。　但這種疑難很容易判决，需要雖然應該自由分與，那必然需要以外的東西，就應當單獨供給願意做工的了——不是如現在平常的一樣，單給那些隨時做工的，就那些非以本人的罪過而偶然停止工作的，也得享受此種利益，　我們現在看見一種人，由置業而得有微細的收入，僅夠維持必然需要的人，幾乎常常甯願找些有工值的工作，供應他的奢侈。　這樣看來，在我們所設想的社會，也許有此。　所以在將來的社會，如果有些不喜游樂，偏愛勞忙的，想在假期之內，做些藝術或科學或理想等不被承認為工作的工作，將任他自已的欲望之自由，不加束縛。　那比較上少數極怕做工的——這類現在變為江湖飄泊者——也可以度平安的生活，只要他們不變爲太多，使那些較勤力的人負過重的危險就得了。　這樣子下去，自由的要求，可以同工作上經濟刺激之需要相完成。　這種制度我覺得比純粹的無政府主義，或純粹的正宗社會主義，較有成功的大機會。

我們所主張的計畫，以較確切的話來說明他，大要如此：一個若干微細的收入，足供需要的，不論做工與否應該全體都有，而大一點的收入——其大以貨物生產總額所能有的爲限——應該給那些願意做社會所承認爲有用之工作的人。　以這個爲基礎，我們更可以推論下去。　我不以爲對於那些較精巧的或認爲社會上較有用的工作，要常常給以較大的報酬爲然，因爲這些工作比平常的較有趣味和高貴，所以能做的多願意做去。　但我們也許，比方。對於甘心做平常工作時間之半的人，給他一個中率的收入，至於做那毫無興趣的工作者，給他一個超過中率以上的收入，這種制度完全同社會主義相合，但是或會同無政府主義有衝突之點。　至於他的利益，我們在後面更爲詳細的說明。　現在呢，我以爲他合自由與正義爲一件，並且避免我們見得無政府黨和那些正宗社會黨的陳議中穩伏着對於社會的一切危險就夠了。

第五章　政府和法律

政府和法律在本質上是由限制自由而成立的，而自由卻是政治福利中之最大的。（原註）我不是說自由是一切福利中之最大的：最好的東西自內發出來像創造的藝術，愛情，及理想。這樣東西能受政治狀況的幫助或妨害，但不眞是由他們生產的。自由他自身及與他關係之別的福利，是最好的東西政治及經濟的狀況能夠使他穩固。一個性急的推理家或不細心考究，就推出一種結論，說法律和政府是很壞的東西，如果我們的目的在乎自由，那就非把他們剷除不可。但是這種斷案無論眞假如何，是不能夠這樣簡單證明的。我們將於這一章內考究無政府主義者反對政府和國家的種種論調。我們着手的方法，將以「自由爲一個善良社會制度之至高無上的目標」這種假定之詞爲基礎；但就是在這種基礎之上，我們也將發見無政府主義者的爭論很有可疑之處。

尊重別人的自由這一樁事不是大多數人自然的本性：妒忌和喜歡攬權兩事遂使普通的人情以干涉別人的生活爲快。如果各人的行爲完全沒有一種外來的權力去加以限制，那麼，我們將得不到一個各人都能夠自由的世界。强健的一定會欺凌弱小的，大多數人一定會壓迫少數人，性情橫暴的人一定會箝制和平的人。　現社會自由競爭的組織雖很足以培植人性中極壞的原質，然恐怕不能說這些不良的衝動，完全是由於一種不良的社會制度造成的。喜歡攬權這種衝動雖是懷抱野心的人所固有的，然大半仍由實行攬權的經驗促成的。　總之，凡沒有人能夠得到狠大之權力的地方，一個人專制的念頭一定不像現在那樣利害。　然我却不以爲這種念頭將完全消滅，凡懷抱這種念頭的人一定是些精力強健和才能偉大的人。這種人若沒有一種公衆有組織的意志去加以限制，他們不是完全造成一種專制，也總有一種非常的舉動，要平定他們這種舉動，非經過一種長期的紛擾不可。　除掉喜歡總攬政治上的權力外，還有一種喜歡總攬管轄私人的權力之事。　倘若沒有法律去防止威嚇和殘虐的行爲，那麼，男女和親子之間的暴行，一定是很多的。　一個社會中的風俗習慣能夠使這種暴行減少，這是眞的，但是這些風俗習慣恐怕只能由長時間的法律作用產生出來。　住在邊陲林地的社會中，礦山的區域中，和別種地方的經驗，似乎指出人類在新環境之中，易流於野蠻的行動。　故當人性仍然未改之時，人類生活於一個私人的專制行爲爲法律所禁的社會中，比較生活於一個私人可以任意行動而不為法律所禁的社會中，必更加自由。　但是現時一種政府和法律雖說是必要的，然大家當記着，所有政府和法律的自身都帶了幾分罪惡，當他們防阻別種更大的罪惡之時，他們才有可原諒之處。　所以國家每次使用權力，應當格外審慎，而每次減削國家的權力，如不因此發生私人專制之事，是應當歡迎的。

國家的權力一部分是關於法律的；一部分是關於經濟的：凡國家所不喜歡的行動，可以用刑法懲戒之，凡私人而為國家所痛惡，將有謀生不易之感。

馬克思對於國家的見解，不十分明瞭。　在一方面，他似乎和近世國家社會主義者一樣，願意國家擁有大權，但是在他方面，他却表示當社會主義的革命告成之時，我們所習見的國家將自行消滅。　在共產黨宣言所主張之卽時可行的策略中，有幾種策略一定大大地增加了現存的國家之權力。　例如，『用國家資本組織完全獨占的國家銀行，將信用機關集中於國家手中』，又如『將交通和運輸機關集中在國家手中』但是這種宣言又說：

在這發達進程中，階級差別消滅了，而各種生產集中於全國大聯合底手中，公的權力便將失去政治的性質。政治上的權力，不過是一種階級用以壓制別種階級之有組織的權力罷了。當無產階級和有產階級爭鬥之時，爲種種環境所迫，自己不得不組成一種階級，用革命手段，使自己成爲統治階級，用强力掃除舊式的生產方法；那麼，他將把現存階級對抗底情形，以及一切階級的自身，一齊掃除並且還要取消他自己階級所占的優勢。

我們將用一種聯合代替這有階級等差和階級對抗之舊式有產階級的社會，在這聯合中，各人之自由發展就是全體自由發展的條件。（原注）見共產黨宣言第二二頁。

如上面所述態度是馬克思一生所保持的。所以他的門徒關於他們目前的計畫，大概變成了極端的國家社會主義者，這樁事是不足驚怪的。反之，一般工團主義者從馬克思採入階級戰爭的原則，把這種原則看做馬氏學說中眞正緊要的部分，而他們對於國家非常厭惡，願意將國家完全剷除，他們在這一方面和無政府主義者的意見是相同的。那些行會社會主義者在英國雖有人把他們看做極端派，然他們却眞正代表英國人喜歡調和的心理。工團主義者對於國家權力所附帶之種種危險的論調，已經使他們不滿意於舊式的國家社會主義，但是他們對於無政府主義者『社會中無須有一種中央權力的存在』之見解，却又不予以承認。於是他們就提議，一個社會裏面，應當有兩種同等的政府機關；一種是以地理爲主的，代表一般消費者；這種機關在實質上就是繼續民主主義之國家的；還有一種是代表一般生產者，他的組織不是以地理爲主的，但是依照工業上的同業聯合主義而以各行會爲主的。　這兩種機關所辦理的事體，各不相同。　行會社會主義者不以工業上的機關爲構成國家的一部分，因爲他們力持國家的本質（在乎地理上的機關；但是工業上的機關在事實上將和現在的國家相似，因爲他握有强迫的權力，他的命令當必要時，可以用强迫力推行。　一般工團主義者既極力反對現在的國家，他們對於一種工業中的同業聯合强迫那種工業中個人之事務，必不加反對，關於這一點，頗有疑惑之處。同業聯合裏面的政府或將和現今的國家制政府（State government）是一樣嚴厲的。　我們說這種話，是假定工團主義領袖之理論的無政府主義，一定不要有權力的存在，但是由經驗上看起來，恐怕這也不算是一種十分僭妄的假定。

在以上各種不同的見解中，有一種引起最大的爭點之見解，就是無政府主義者所力持的「社會所用的各種强迫力都不是必要的」。這種見解，和無政府主義者所說的許多別的事體一樣，極爲他們所擁護，這是許多人初時所料不到的。克魯泡特金是闡明這種見解的一個最有能力的人，他指出有好些事體已經用自由契約(Free agreement)的方法做成了。他不是要廢止合議的政府：他所願意廢止的是以一種議決案而强迫反對者履行的制度。(原注)『在別一方面，國家又和政府相混。此時無一國家能夠沒有政府，他們所謂政府消滅，不是廢止國家。『我想國家與政府代表不同類的兩個觀念。國家觀念所包涵的完全與政府不同。他不單是指加乎社會以上的一種權力之存在，並且包含領土統治及社會生活底諸種機能集中在少數人或全體手中。在社會各員中他含示新關係的意思。『這性質上的差別，乍看或不覺的，就國家底本源加以研究便明白了』。見克魯泡特金的國家論第四頁(Freedom Press, 127 Ossulston Street, N. W. I.)。據他看起來，代議政治及大多數人統治之一切制度都是一樁很壞的事體。(原註)『代議政治已經履行他的歷史的任務；他給宮庭統治一個致命的打擊；由他的爭辯在公共問題上喚起公益的思想。但在將來社會主義的社會之政治看起來便犯了大錯。人生底每個經濟的局面包含他自己的政治的局面；政治組織底基礎若不有相當的改變，決不能觸動現代經濟的生活——私有財產——之基礎。生活已經指示將要改變的方向了。不是加乎國家底權力，只靠着現在屬於國家底機關將來改爲自由組織和自由聯合』見克魯泡特金的無政府共黨主義二八—九頁。

他舉出好些例，如在歐洲大陸各鐵路制度不同的國中所訂的通行快車和共同協作的契約等等。他說，凡結約的各公司或機關各派一個代表，由各代表共同擬出一種契約的稿子，最後各送交他們的公司批准。代表，會議沒有强迫的權力，而大多數人對於持反對論的少數人不得有所制裁。然這椿事却不妨礙。詳細審愼的契約制度之最終決定。無政府主義者力爭凡政府所做的有益的職務，可用這樣的方法去推行，並無須使用强迫力。他們以爲如果將和現今私產制度相關連的掠略動機除去，那麼，契約對於協作的效用是狠顯明的。

這種見解雖狠動人，然我却不能反對下面的一種斷案，就是，這種見解是由無忍耐性而發生的，他所代表的企圖，是找出一條捷徑向仁慈的人所希望的理想那邊進行。

現在我們開始研究私罪問題。(原注)關於這個問題，在前面所說的南達先生著書中有一個很好的辯論。

無政府主義者以爲犯人是由不良的社會狀況造成的，而在他們所願意創造的世界中，犯人一定是不復可見的。（原注）「像第三種——主要的——反對論，以爲有一個政府懲罰破壞社會法律底人是必要的，那才難得偶然觸犯。我們越發研究這個問題，我們越發論定社會中間有了反社會的行爲，應歸社會自身負責；并且沒有懲罰沒有監獄沒有死刑能夠減少犯罪行爲，能夠改造社會自身。每年到法庭底事件有四分之三的原因是直接的或間接的由於財富之生產及分配現社會陷於無組織的狀態，不是由於人間生性之邪惡。有幾件反社會的行爲是孤獨的個人反社會的性癖之結果，這不是監獄甚至於死刑能夠減少他們的數目。監獄只有增加他們的邪惡。由我們的刑事偵探，我們的「血價」，我們的死刑執行，我們的牢獄我們把惡劣的情感及習慣之這樣可怕的潮流蔓延於社會，如此他將要覺識這些制度之結果，他們的範圍擴充到什麼社會行事在倫敦名義之下所刼持。我們必須尋找別的救濟，并且這種救濟方法早經說過」。見克魯泡特金的無政府共產主義三一—二頁。這種見解含有好些眞理，這是毫無疑義的。在無政府主義的世界中，除非有一羣志在推翻無政府主義制的人聯合攏來、組成大規模的暴力外，用暴力去行刼的動機一定是極少的。此外還可以說，各種犯罪的暴行之衝動，可藉一種善良的教育，把他大大地減少。但是據我的意見，通通這些爭論都各有一定的限度。今特舉一個極端的例，在一個無政府主義的社會中，我們不能說是一定沒有瘋癲，旣有這種人，那麼，他們內中一定有好些故意殺人的。　這種人或者沒有人爭議定要聽其自由。　但是在人類的性質上沒有嚴密的界綫，從故意殺人的瘋癲起，至性情橫暴的清醒人止，內中的階級是連接不斷的。　就是在一個最完善的社會中，也將有心中清醒的男女，因嫉妒而起謀殺的衝動。　這些人通常因怕受懲罰，故遏制他們的動機，如果恐怕的念頭不復存在了，那麼，這樣的謀殺事件或者將更加流行，我們從某些得有長官允許的兵士現在的行爲看起來，就可以知道。　還有一層，有某幾種行爲易惹起公憤，如果沒有一種爲大家所公認的懲戒方法之存在，差不多就不能免使用私刑之事。　大多數人都具有幾分自然的報復心，而他們這報復心也未見得常加於社會中的壞人。　例如，當荷蘭和法國戰爭之時，斯賓挪薩，(Spinoza) 因被一般流氓猜疑有親法之事，幾遭殺身之禍。　除掉這些事件以外，還有一種眞正的危險，就是用一種有組織的計畫去殲滅無政府主義，恢復舊式的專制。　假使拿破崙，(Napoleon) 生於克魯泡特金所主張實現的社會中，他的天才沒有發展之餘地，他能夠甘心雌伏麼？　如果一般野心家互相結合，組成一種私有的軍隊，自鑄軍器，到後來出而壓制深信自由而毫無防禦的國民，我不知道有什麼方法能夠制止他們的行動。訓練一種私有的軍隊，不論他的目的如何（一種反對的私有軍隊自然可以由一班見解不同的人組織之），社會如果加以干涉，就和無政府主義的原則不相符合。克魯泡特金眞是以英國從前的志願兵，來作無政府主義運動中一個例。（原註）見無政府共產主義二十七頁。縱自己的團體裏面無組織侵掠的軍隊之事，這樣軍隊也容易從鄰國侵入，或從接近文明國的種族侵入。喜歡攬權這種心理一日存在，那麼，除掉藉社會有組織的勢力去防止他外，我不知道還有什麼法子能夠使他不流於專制一途。

現在我們所得必然的結論是各種行爲都不爲法律所禁止之無政府主義的社會理想，就目前而論，無論如何，是和一般無政府主義者所想望的穩固的社會不相符合。要想實現並且保持一種和他們的志願相接近的社會，用法律禁止某幾種行爲，仍然是必要的。我們可以把這些行爲中的主要行爲，分爲三項如下：

1. 行竊。

2.強暴罪。

3.組織機關，圖以武力推翻無政府主義的制度。

這些禁令的必要，本已說過，現在我們願簡單再述一遍。

1.行竊。——在一個無政府主義的社會裏面，將沒有窮困之事發生，所以爲饑寒所迫而行竊之事，也不會出現，這是眞的。　但是這種行竊的事實在現社會中並不是最重大的，或是最有妨礙的。　發給日糧的制度，是要適用於奢侈品的，一經實行、將使許多人所想望的奢侈品，不能一一到手。　這種制度將使一班管理公共庫藏的人得到好些監守自盜的機會，並且將使許多應當保存於公共博物館的有價值的技術品，爲別人攫爲私有。　或者有人力爭，這樣的行竊事件，一定可藉輿論之力，加以制止。　但是一種輿論如果不是一個人自己團體裏面的意見，那麽，這種輿論對於他就不能發生多大的效力。　一羣志在行竊的人或將輕視大多數人的輿論，要想這種輿論對於他們發生效力，那就非借重強迫力不可。　或者在事實上，這種強迫力將由公衆的憤怒而實現，然因此我們就將刑法的弊病以及反覆，急躁，憤怒這幾種另外的弊病都恢復了，這些東西是使用私刑所必須備具的。　如果要想工作有一種刺激物，於是對於一般游惰之徒，僅予以少許的奢侈品，如果這椿事和我們曾經提議的一樣是必要的，那麽，這又是使他們行竊的一種新動機，這又是必須有一種刑法的新事實。

2. 强暴罪。——虐待小孩，妒忌，和强盜罪等等，無論在那一種社會裏面，差不多是不能免的。　要使弱小者的自由得以存在，那麽，用法子去制止這種行動是必要的。　如果不設法防阻這種行動，恐怕一個社會的風俗將漸次流於粗暴，而現在所不常見的行爲，到了將來，就成爲常事了。　無政府主義者以爲他們所想望的經濟制度，一定可以防止這種罪惡的實現，如果他們所說的話是對的，這種禁止犯罪的法律一定不復使用，而這種法律對於自由也一定沒有什麽妨礙。　反之，如果犯罪行爲的衝動仍然存在，那麽，預取一種限制人類任意發縱這種衝動的步驟，就不可少了。

3. 第三種障礙是最重大的，而他所涉及干涉自由之事是最兇猛的。　我不知道在一個無政府主義的社會裏面，怎能夠允許私有軍隊的存在，除掉用一概禁止挾持軍器的方法，去防止這種軍隊外，我不知道還有什麼方法可以採用。 如果沒有這種禁令，各敵黨一定會組織對敵的軍隊，內亂之事一定會發生出來。 但是卽令有了這種禁令，而對於私人的自由，若不能積極干涉，這種禁令也不能夠好好地推行。 當無政主義的時代過了許久之後，使用暴力去達到政治目的的觀念或至於消滅，如像實行械鬥之事已經消滅了一樣。 但是這種習慣和形勢的變遷，如藉正式禁令之力，便容易達到目的，若沒有禁令，恐怕這種變遷就難得實現。 我對於這個問題的國際方面，現在將不說及，因爲我擬於下一章裏面加以討論，但是我們對於這個問題同一的考慮，若移在各國的關係上，力量更大，這是顯然無疑的。

倘若我們勉强承認，一種刑法是必要的，而社會的武力一定要足以阻止人類某幾種行爲，然又發生一個問題：就是罪惡應當如何處置？ 人道主義和尊重自由兩樁東西若倘承認世界有罪惡這種事體，他們還能夠算爲充分發達麼？ 故第一樁要認淸的事就是罪惡的全部概念應當完全掃除淨盡。 現在一個犯人必爲公衆所厭惡：而防止犯罪惟一的方法就在使犯人身受一種痛苦。 無論什麼事體只要能夠毀壞他的精神，殲滅他的自尊之心，都做到了。

就是那些能夠收感化效力的遊戲，也不准他參預，只因這些東西能夠爽心悅目，而同時加於他的身上的種種痛苦，大半只能使他更加殘忍，更加墮落。我所說的，自然不是指少數眞心研究感化犯人的監獄。這種監獄已經證明有極顯著的成績，而在美國的成績尤特別優美，但是這種監獄無論在什麼地方，都是極少的。現今通行的規則仍是「當使犯人受社會的厭惡」。凡犯人總是精神非常沮喪，自尊之心消滅，他所處的境遇，不是受社會的輕蔑和仇視，就須降心相從，乞憐獻媚。這種事實所生的結果，都是狠壞的。就是用一種擯絕的方法去待遇犯人，也得不到良好的結果。

當一個人得了一種傳染病，他對於社會就是一種危險物，而限制他的自由行動是必要的。但是沒有一個人對於他這種情形懷一種有罪的觀念。反之，他的朋友對于他必抱一種憐憫之心。因爲要診他的病，凡科學所許可的步驟，都一一照行，而他自己對於一時剝奪自由，大概也沒有什麼不願遵從的意思。這種方法所具的精神，於待遇所謂『罪惡』之時，也應當倣效。據一般人的猜想，自然是說，犯人犯罪的動機，實起於自利的計畫，而刑罰的威嚇，恰與自利的動機相反，故爲防止罪惡最良的方法。

那隻狗，要達私的目的，(The dog, to gain some private end,)
就發了狂咬傷了人。(Went mad and bit the man.)

上兩句詩的意思就是大家對於犯罪的普通見解；但是沒有一隻狗的發狂是由於自心情願的，大多數犯人的情形，或者也是一樣，而由感情激動所犯的罪，的確是如此的。就是對於以自利爲動機的案件，所應執行的重要事件、也在乎制止這種罪惡，不在乎使犯人受一種痛苦。凡由防止犯罪手續所加於犯人的痛苦，應和因外科手術使病人所受的痛苦一樣看待，都認爲一種可憐惜的事。凡對於因暴性的衝動而犯罪的人，應當用一種科學的心理學方法去待遇他，使他的善良的衝動得以發達。凡對於因自利的計畫而犯罪的人，應當使他覺得眞正的個人利益，容易爲造福社會的人獲得，而不易爲遺害社會的人得到。要達到這種目的，那麼，擴充犯人的眼界，和增加他的志趣的範圍，是第一樁緊要的事。現在當一個人缺乏愛羣之心，普通所用的救濟方法，似乎不是要收得效果，因爲在實質上，這種方法和那個人對於公衆的態度是一樣的。　管理監獄的目的是在省去麻煩，不在研究犯人的案情。一個犯人被禁在一個小室裏面，所有地球上各種景象，都毫無所見：那時常爲看守者所虐待，因爲這種人所擔任的職業，常足以使他們變成暴虐之徒。（原註）此段寫於作者親身經驗監獄制度之前。　他親身所遇見的只有獄官底親切待遇。　他被嚴重地宣告爲社會的仇敵。　他被逼做那些容易令人厭倦的機器工作。　他既不能受教育，又沒有一種激勵物使他自己改過遷善。　他受了這種待遇之後，如果他對於社會的感情，不復有從前那一樣親熱，這還能驚怪麼？

在一個時期之內，當許多犯人都逃出法網，於是因報復和畏懼之念，就發生嚴刑重法之事，而一般的希望就是，定罪苛刻一定使犯人心中害怕，不發生逃亡的念頭。　現今刑法的大部分都是關於保護財產權的，這就是說——據現在實情而論——保護富者不正當的特權的。　一般因所抱的主義而和政府衝突的人，如無政府主義者等等，對於法律和政府當局，加以一種極利害的指摘，因爲他們擁護現制，極不公道。　在人類藉以致富的行爲中，有許多行爲爲害於社會，比貧民朦朦朧朧所犯的罪過，要大得多啦，然這種富人竟不受懲罰，因爲他們對於現社會的制度，不加干涉。　如果社會的權力，要藉刑法的作用，去防止某幾種行爲，那麼，這幾種行爲要的確是對於社會有妨礙的，而待遇『犯人』，應當不存有罪的觀念，應當具有待遇疾病所表現的那種精神，以上兩點都是同樣的緊要。　但是這兩個條件如果都履行了，我就不能不猜想一個保持法律之存在的社會，在一個以純粹無政府主義的原則爲行爲規律的人之前，一定更有可取之處。

我們對於國家由刑法所取得的權力已經考究一番了。　現在這種權力構成的要素就是報復的念頭和道德上的深惡痛絕，將來當用一種完全相異的精神，來行使這種權力，然却不能將他完全取消，我們主張此說，是確有理由的。

我們第二就考究國家經濟上的權力，和藉他的官僚政治之力而施行這種權力的影響。一班國家社會主義者力持在一個非資本主義的國家裏面，將沒有危及自由的事實發生。　據我看來，這完全是一種妄想。　例如一種官僚階級，無論經過如何的選擇，他們這種人的本能，仍將使他們流於專制一途。　人類本具有一種自然喜歡攬權的傾向，他們這些人加以那種傾向，心中將抱一種根深蒂固的自信力（在現今的高級文官中，這種情形是顯然易見的），就是，只有他們的知識，就十分充足，能夠斷定何者爲社會所需要福利。　他們和各種主持一種制度的人一樣，將覺得這種制的自身是神聖不可侵犯的。凡他們所心願的改革，將限於詳細規定人民如何享受他們這班仁慈的專制家所恩准的福利。　無論什麼人如果以這種說法爲言過其實，他一定沒有研究現在一般文官的勢力和他們所用的種種方法。　他們對於每樁事的種種實情，比較普通一般人，知道更多；他們所不知道的一樁事就是，『鞋子緊壓了什麼地方』。（譯者按『鞋子緊壓了什麼地方』是一句英諺，意卽『困難在什麼地方』。）　但是那些知道這樁事的人，或不會陳述他們的情形，不能於急促間確切說出多少雙鞋子壓住了多少雙脚，或確切說出確當的拯救方法是什麼。　一班官吏替各國務員所預備的答辭，是那些『可敬的』公衆所認爲公正無私的，除掉在第一等的政治問題上，選舉的得失不能決定外，這種答詞是普通所認爲判定在野不平家的案件的。　這種方法至少是英國治理國政所採用的。　如在國家社會主義之下，官吏的權力，比較現在，恐怕還要大得多啦。

那些相信正宗派民主主義教義的人，力爭如果資本的權力消滅了，各代議機關一定足以將官僚政治所發生的弊端剷除。一般無政府主義者和工團主義者對於這種見解，已經鐵面無情，盡力批駁。法國的工團主義者生存於一種民主主義盛行的國家裏面，對於使用國家的權力為反對進步的少數人之方法，特別具有一種痛苦的經驗。這種經驗已經使他們完全棄去大多數人之神權(The divine Light of majorities)的信條了。他們所想望的憲法，是一種允許抱定目的，預備努力奮發的少數人有活動之餘地的憲法。凡一般想求進步的人，對於民主主義的代議政府所具的實際經驗，足以使他們除去心中對於這種制度所抱的幻想，這椿事是不能夠否認的。即或承認——我想我們必然承認——這種制度比較從前的任何種政制，更有可取之處，然我們必須承認無政府主義者和工團主義者對於他的批評，有許多是很正當的。

如果有一種代替的國會制民主主義(Parliamentary democracy)之明瞭的理想為大家所了解，他們這樣的批評一定要發生更大的影響。但是工團主義者沒有用一種足以引動通常一般國民的方法，去發表他們的意見。凡他們所說的多半如下：在各重要的工業中，技藝純熟的少數工人，用一種同盟罷工的方法，能夠使社會全體的經濟生活，陷於不可收拾的地步，並且能夠强迫國家順從他們的意志。他們所企圖的舉動，好比襲擄一個發動機力室，因此全體機器都停滯了。這樣的敎義是要訴諸武力，自然對手的方面也要以武力相對待。工團主義者抗議他們要想攬權，只因爲提倡自由，這樣的抗議是無用的：他們所要組織的社會，尙不足以使公衆願意信從，他們非做到這一步，必不能使他們的社會安安穩穩地實現出來。凡勸誘是一種收効遲緩的方法，勸誘而輔以激烈的手段，有時收效更快；這種手段如果以此爲限，也未嘗不可算爲正當。但是凡志在自由的改革家要想達到最終的目的，只能夠藉勸誘之力。凡對於不願享受我們所視爲自由的人，要想用强力向他們去促進自由，一定常遭失敗；工團主義者和別的改革家一樣，要想成功，終久還靠勸誘。

但是如果把目的和方法渾在一起，那就錯了：我們對於那種用饑餓的方法去强迫一個不願前進的社會入於理想時代的提議，無論如何不同意，然我們可以承認，工團主義者所想要成就的事業，有許多是我們所心願的。

我們對於和現在私產制有關係的國會制政府種種批評，棄去不講，只研究在一個集產主義的社會中仍然沒有失去價值的種種批評。代議機關在性質上似乎帶了幾種缺點。一個人若爲爭公衆的利益得到勝利，就不免發生一種自尊之心。他將不免有一種虛僞的習慣，因爲他從經驗上知道民主主義對於一個演說家的缺乏誠意，並不加以偵察，反之，這種主義倒爲一般極誠實的人所認爲必要的事件所觸犯。因此在那些被選的代表中，便起了一種驕傲的論調，並且發生一種感想，以爲在政治界中，不運用詭詐手段，沒有一個人能夠保持他的地位。這固然是民主主義的過失，也是一般代表的過失，但是各種團體的人對於他們的代表所要求之主要的東西既是諂媚，那麼，這種過失似乎是免不了的。無論這種過失如何使人分擔，然總當承認這還是現在的民主主義一定會發生的弊端之一種。還有一種弊端，就是政府和許多選舉區的關係非常疏遠，在各大國中，這種情形尤特別顯著——這種疏遠的情形屬於地理一方面的還少，而屬於心理一方面的更多。一般國會議員生計充裕，自奉很豐，又有高堂大廈和無數警察保護他們，故他們對於羣衆的呼聲，毫無所聞；歷時既久，他們對於自己在選舉競爭中所發表的憤激之談，及所允許要做的事件，都模模糊糊，記不清楚了；他們漸次覺得與其顧念某種不滿意的團體之利益，不如留心於所謂社會全體的利益，他們以爲這是具有政治才幹者所當持的態度；但是社會全體的利益是很空泛的，故容易看見他和自利之心勾結在一起。　有了以上種種原因遂使國會於有意或無意間辜負了一般國民；既有這種情形，他們對於那些極力擁護勞動界的人所持之民主主義的學說；如果稍微疏遠一點，那也不必驚怪起來。

各大國所行的大多數人掌握政權制度有一種極大的缺點，就是有許多問題只和全國中一部分人有直接的利害關係，或是只爲他們所深知，然別人對於決定這種問題，也和他們有同樣的發言權和議決權。　當人民對於一個問題沒有直接利害關係之時，他們必容易爲種種不適當的思慮所左右；例如他們非常不願意允許各附屬國家或團體以自治權一事，就足以顯出這種情形。　有了這種理由，故允許全國人去決定僅和一小部分人有關係的事體，是很危險的，至於這一小部分人無論是因地理而區分的，或是因工業而區分的，或是用別的方法區分的。拯救這種弊端最良的方法，就現在所能見到的而論，在乎允許一國中各重要的團體自治，凡和一個團體關係密切而與他團體無甚關係的事件，都由這個團體自決，一個團體裏面的主治關機既是由那個團體的選舉而成立的，他對於一般選舉人和他們的利益，比較一個在名義上代表全國的國會，必知道更多、關係更密切，在工團主義中最新穎的理想——爲行會社會主義者所採納並且加以發揮——是各種工業內部的事件當使他們自決，當使他們成爲一種自治的單位。在別種各有單獨利害關係的團體裏面，也採用這種方法，我想凡代議制的民主主義中已經出現的種種弊端，能夠因此大大地減少。

我們已經知道行會社會主義者還另有一種提議，這是由各工業行會的自治，自然發生出來的，他們希望用這種提議去限制國家的權力，保持個人的自由。他們的提議就是，以地方爲基礎，而選出的這是現制國會所代表的社會是消費者，除掉這種機關之外，還須有一種『行會議會』(GuildCongress) 這就是同業聯合議會有光榮的繼承者，這種機關是由各行會所選舉的代表而成立的，他所代表的社會是生產者。

這種減少國家過大的權力之方法，已經柯爾（G. D. H. Cole）在他所著的工業自治

（原注）一九一七年 Bell 書局出版。

裏面明白表示出來了。他說：『現在國家所通過的工廠條例，或煤礦規程條例，到了將來，行會議會也將通過這種條例，而他對於推行條例所具的權力，和國家所具的權力是一樣的』（見原書第九十八頁）。他主張這種制度最大的理由就是，據他的意見，這種制度足以保持個人的自由：『我以為在一個民主主義的社會裏面，保持工業的和政治的社會組織之根本理由如下，只有分開現今工業的資本制度所握的大權，個人才能夠有自由的希望』（見原書第九十一頁）。

柯爾所提議的制度將收這種效果嗎？我想這種制度對於現制度一定是一種進步，這是很明白的。代議政府必須用一種使各代表對於立法上有利害關係的事件得更加接近的方法，去加以改革；要得到這種利益，只有將關於生產各問題，交行會議會處理。但是無論行會社會主義者所提議之防閑行會議會的方法如何，倘若行會議會對於處置這種問題，權力太

大，倘若有一個行會受了他的虐待，在實際上對於他毫無起反抗的希望，恐怕現在萬能的國家所發生的弊端。即刻又將再現。一般同業聯合的職員一經掌握國中一部分統治權，就漸次流於專制，偏於保守；他們不復和他們的選舉人相接觸，並且因心理上的同情，遂逐漸和已經存在的各種勢力共同行動。他們因行會議會所正式得到的權力，一定更促進了他們這種行動。他們即不即刻公然和國會中一班握權的人互相結合，然在實際上，他們一定是這樣做的。在這兩種機關一班重要人物中間，除掉偶然的衝突外，必時常是連絡一氣的，至於這種衝突就好像現今各對敵的財政家所起的競爭，有時也使資本主義的社會不能夠和睦。他們這樣的連絡一氣，一定將個人曾經希望由他們互相爭鬥而獲得的自由，都竊去了。

如果我們沒有弄錯，那麼，世間就沒有一種方法，足使一個代表社會全體的機關——無論他是代表生產者，或代表消費者，或代表兩種人——能夠單獨為個人自由的盡力保護者。保障自由唯一的方法(就是這種方法對於極少數人仍是不合宜的)，是由一般國民各以特別的利害關係，組織各種團體，凡團體內部的事件，決意保持自治之權，如遇外界的干涉，當必要時情願同盟罷工以抵制之，並且須具有充足的力量（或是他們自己所具的實力，或是由他們訴諸輿論，能引起公衆的同情），當他們的主張爲許多人認爲正當之時，如政府加以干涉，就能夠抵抗他的種種有組織的勢力，獲得勝利。　如果要使這種方法能有成效，我們不僅當有種種適當的組織，並且對於自由當更加尊重，對於政府不論在理論上或實際上，都不應當降服。　在這樣的社會裏面，一定發生一種秩序紊亂的危險，但是這種危險和由一個權力極大的中央機關所發生的停滯現象的危險相比較，就算不了一樁什麼大事。

我們現在可將我們對於政府權力的議論，總說幾句。

國家這種機關，不論無政府主義者如何反對，似乎爲達到某幾種目的所必需的。　凡媾和，宣戰，徵稅，制定衞生事宜和販賣毒藥的規程，以及保持公正的分配制度：通通這些職務在一個沒有中央政府的社會裏面，將不能夠履行。　現在就以中國的酒或鴉片煙的買賣爲例。　如果火酒無須納稅，能夠以賤價買來，或是像無政府主義者所推想的一樣，無須花錢能夠取來，我們能相信醉酒這樁事一定不大大地增加麼？　中國因受鴉片煙之害，將近滅亡，凡愛國的華人總想禁止這種鴉片烟的買賣。　自由對於這些事件，不是一種萬應的藥品。要保持國家的元氣，對於這類事件，正式加以幾分限制，似乎是不可少的。

　　但是我們雖承認國家須繼續下去，然我想我們也當承認國家的權力應嚴格加以限制，總以絕對地必要爲止。　要限制國家的權力，除掉藉助於熱心得到特權和决意保持自治的各團體外，再沒有別的方法，因爲這種團體對於國家的法律用不爲公衆利益所許可的方法，來干涉團體內部事件時，甚至於抵抗這種法律。　尊崇國家、和「服務國家爲國民義務」的原則，都是根本反對進步和自由的。　現在國家雖是好些弊病的泉源，然也是成就某幾種善良事件的一種方法，當人類暴烈的和破壞的衝動仍然時常出現的時候，國家是不可少的。　但國家不過是一種方法，即使這種方法不致作惡，也當細心運用，並且不可濫用。　我們應當服事的不是國家，乃是社會，乃是現在和將來全體人類世界般大的社會。　而一個善良的社會，不是從尊崇國家發生出來的，但是從個人的自由發展發生出來的：是從快活的日常生活發生出來的，是從各男女得到發展自己才能的有趣工作發生出來的，是從連結愛情，和除去妒忌根源的身體自由關係發生出來的，還有一個最要之點，就是，這種社會是從人生在美術及科學的自然創造中所具的嗜好心和表現力發生出來的。一個時代或一種民族所以有存在的價值，都是以上所舉的各種事件之力，而這種事件不是跪在國家的面前所能夠得到的。凡個人所具的優美性質，都應當使他表現出來，故個人的自由發展，必爲要改造世界的政治制度之至高無上的目的。

第六章　國際關係

在國際關係中所應達到的主要目的可分爲兩種：第一是免去戰爭，第二是阻止强國壓迫弱國。這兩種目的在進行上並不限定取同一的方向，因爲保全世界和平一個最容易的方法，就是由勢力最大的國家聯合攏來壓迫，並且掠奪其餘的國家。然這種方法不是愛自由的人所能夠贊成的。我們必須注重這兩種目的，不要因單獨達到一種目的，便心懷滿足。

社會主義和無政府主義的常談中，有一種是說，近世各種戰爭都起於資本主義，如果去掉這種主義，戰爭一定會消滅。據我看起來，這種見解只有一半是眞的；那一半眞的是很重要的，但是當想到社會根本改造之時，那一半假的或者也是一樣重要的。

社會主義者和無政府主義者對於現社會所下的批評，指出某幾種資本主義的要素，掀動戰爭，這完全是眞的。這些要素中的第一種要素就是向事業不發達的國家找投資新地的財政慾望。霍布孫(G. A. Hobson)在他所著的近世資本主義之進化(原註)凡二六二頁，一九〇六年由 Walter Scott 書局出版。裏面，已經將這一點說得很明白，這位著作家的見解，並不是趨於極端的。 他說：

經濟上的總根，近世帝國主義膨脹之主要指導的原動力，是資本主義的工業尋找市場的壓力，第一就要投資的市場，第二就要消納國內工業贏餘生產物的市場。 凡資本集中運動最發達之國，和嚴厲的保護稅制度盛行之國，這種壓力必然是極强大的。 各種對於國內商場限制出品的托辣斯和別的製造業不僅汲汲尋找外國市場，並且急想獲得為本國所保護的市場，要達到這種目的只有擴充政治威權之面積。 美國近來變更對外政策之深意就在這一站上，他和西班牙宣戰，合併菲律濱(Philippine)羣島，對付巴拿馬(Panama)的政策，更新適用門羅主義 (Monroe doctrice) 於南美各國，都是他的政策改變的顯例。南美洲是要用為投入托辣斯利益，和贏餘的托辣斯生產物的優先市場；倘若這些國家能夠及時在美國保護權之下，組成一種關稅同盟 (A. Zollverein) 那麼，他的財政上活動區域就大大地增加了，中國為鐵路企業和發達普通工業的場所，現已為美國一班眼光遠大的商人所重視；美國棉花和別種貨物在中國銷路漸次增加，這樁事在美國擴充投資地域中，將成為一種次等的注意問題。 那些操縱美國政治命運的財政巨子，將運用外交上的壓迫，武裝的軍隊，去達他們的目的，當他們願意的時候，還將占據土地以為政治上統御之用。 現在美國不惜巨資開始建設强大的海軍，因此造船業和五金業獲得建造此項軍艦有利的契約：建設此項海軍的眞意和用意，就是使資本家因經濟上的需要而加於中國的政治上侵略的政策得推行無阻。

那種時常要擴充市場面積的壓力，並不限定牽及各種有組織的工業，這是大家應當認清楚的。 如果以眞正協作性質的聯合去代替自由競爭，使因組織改良所得的全部利益，或歸工人作爲工資，或歸大羣的投資家，作爲紅利，那麼，擴充國內市場的要求一定是很大的，一定使集中的資本所具的各種生產力都充分運用；並且一定沒有私自集合謀利的團體，另外表示信用，要求工作。 各種托辣斯或聯合社在營造，財政上的行動，或工業上的工作中，所獲取之『獨占』的利益，積成一種集合的基金，財富階級擁有這種東西，就使美國工業中商品的要求減少了，而資本的應用，也有限制了。 在某種限度之內，可在一種禁止干涉獨占國內市場的保護高稅則之下，用獎勵輸出的方法，來補救這種弊端。 但是各種慣於以商品供給國內市場而取利的托辣斯，在世界市場中，要他們以一種有利的穩健營業爲基礎，去規正他們自由競爭的方法，那就是一樁極困難的事。 還有一層，這種營業擴充的方法，只適合於某幾種製造業托辣斯：凡擁有鐵路，資財，和別種托辣斯的人，必須時常尋找外國投資事業，藉以消納他們贏餘的利益。 這種時常須尋找投資新地域爲消納他們贏餘利益的要求，就是財政制度中一個大難題，這種難題大有牽制美國將來的經濟界和政治界之勢。

美國資本主義財政上的組織所呈的傾向，比較各工業發達國家的財政所呈的傾向，要更加劇烈。英德奧法等國以大宗資本投入南非洲或澳洲的礦產中，埃及的公債上，或抵押品不穩當的南美各共和國中，這樁事足以證明尋找新市場的壓力和美國是相同的，而這種壓力並且隨財政組織的發達，和一種專門理財家管理這種組織的適當，而增加他的力量。

霍布孫如果在近時著成這部書，他描寫種種傾於戰爭情形的方法，還可藉最近各種事件證明出來。在一個事業發達的國家裏面從事企業，只要因那個國不穩固的政府而起的各種危險能夠減少，那麼比在一個事業發達的國中營業，獲利更厚。各財富家因爲要減少這種危險，就借助於這一國海陸軍的勢力，並且一時認定這種軍隊須聽他們的指揮。他們因爲要使這種要求得到輿論的贊助，就收買報館藉他們的力量去達他們的目的。

批評資本主義的人嘗證明這種主義爲近世戰爭泉源之時，又指出報館爲掀動戰爭的第二大要素。發行一種大報紙既須一宗大資本，各重要報館的主人必屬於資本階級，這種人的見解如果不和他們自己的階級表同情，那就是一樁例外的事。他們能夠決定對於大爲讀新聞紙的人應當予以一種什麼新聞。他們能夠實行僞造新聞，即不這樣做，也能夠細心選擇，新聞，他們心中想怎樣激動人民熱烈的感情，就加以一種什麼樣子的標題，他們對於和此相反的標題就不予以發表。因此平常一個讀新聞紙的人心中所具的世界圖樣不是眞實的，大概不過是一種適合於資本家利益的圖樣罷了。這種情形在許多方面是的確的，而在國際關係中尤爲確切。一班主持新聞事業的人，能夠依自己的意志使國內人民對於別國懷一種親善或厭惡之心，而他們自己的意志又時常直接或間接爲一般大財主的意志所左右。當英國和俄國仇隙未消之時，英國報紙滿載俄國虐待政治犯，芬蘭俄屬波蘭，和這一類的題目。當英國外交政策一經變更，各重要報紙中這一類的題目都不見了，於是我們又聽見德國的暴行了。大多數人沒有批評的眼光，不能不受這種影響，報館的勢力將仍然存在，要一直等到他們能夠自由批評爲止。

除掉資本主義這兩種掀動戰爭的勢力外，還有一種勢力，是批評資本主義的人所不十分注重的，但這並不是不重要的：我所指的就是好戰心（Pugnacity），在一般有發號施令之習慣的人中，這種心理有逐漸發達之勢。資本主義的社會一日存在，一般因在工業或財政上據高位而獲得財富和勢力的人，手中將握一種極大的權力。這種人當閒居在家之時，總喜別人順從他們的意志；他們的四圍都是些阿諛取容的食客，他們並且時常和各同業聯合互相衝突。在他們的朋友和相識的人中有好些是政府中的大官吏，這種人因平常發號施令的習慣也一樣會流於專制一途。『治人階級』這句話是時常聽見說的但是形勢上的民主主義已經使他不時行了。然按實在情形，他有好些地方仍舊是眞的；無論在那一個資本主義的社會裏面，仍然是有發命令的人和服從的人。在近世社會中，從有產階級的極端到無產階級的極端，中間雖有一種連接不斷的等級，然這兩種階級的見解是極不相同的。當一個狃於別人服從自已意志的人遇了反抗，就非常憤怒。他自然而然地相信反抗是很壞的，務必加以壓制。所以他比較一個平常的國民更願意以戰爭去抵抗他的敵手。因此我們看見權勢極大的人，除掉好些顯著的例外外，大概都是極喜歡戰爭的，而毫無權勢的人倒沒有一點仇視外國的傾向，　要補救這種弊端，只有取消資本主義制，而代以一種不准私人掌握大權的新制度。　如果以一種官吏掌握大權的制度去代替資本家握權的制度，那就不能醫治這種弊端了。　除掉前章所說的願意縮小國家權力的理由外，這也是一種理由。

不獨權力集中足以引起戰爭，就是戰爭和畏懼戰爭也一樣使權力集中成爲一樁必要的事件。　社會既時常要遇着這種忽然的危險，那麼，爲自衛計，處事敏捷的權力是絕對必要的。　在這種危急之際，由人民那種繁重的議會機關來詳細議決這種事，是不可能的，故這種危機如果時常有發生的趨勢，要想取消政府專制的權力也是不可能的。　在這種地方和在好些別的地方一樣，權力集中和戰爭這兩種相關的罪惡，都有互相扶助，使彼此永不消滅之勢。　人類生在世上，喜歡攬權，遂增加戰爭的危險，而戰爭的危險又使組織一種無人能握大權的制度，成爲一樁不可能的事體。

我們對於說資本主義掀動戰爭的爭議中眞實的部分，已經考慮一番了。　現在我們當研究這種爭議的他方面，並且還要反躬自問，取消資本主義是否就可以防止戰爭。

我個人不相信這種說法。據我的意思，社會主義者和無政府主義者在這一方面和在好些別的方面的見解，與人性中根本上的本能(The fundamental instincts of human nature)，相差太遠。在資本主義發生之前，就有各種戰爭，而爭鬥一事在動物中也是常有的。報館的勢力足以掀動戰爭，全由於他能夠引動人民某幾種本能。人類本自然好競爭，有貪慾，並且還多少具一種喜戰爭的心理。當報紙告訴他某某是他的仇敵之時，他所具的全部本能就和這種提議相應。許多人猜想自己有些仇敵，一遇爭鬥之時，就想多少發洩他們性情中的怒氣，這是他們很自然的傾向。一個人相信證據極不充分的事件，這就是這種事件適合於他的志願的指標——這種志願時常是他自己於不知不覺之間發生的。如果有一樁反對他的本能的事實現在他的面前，他將詳細加以考究，除非證據確鑿，他必不肯相信這種事實。反之，如果他遇着一樁事，在實行上有一種理由適合他的本能，那麼，卽或這樁事的證據極爲薄弱，他也將相信啦。世事怪誕的根源已這樣表明出來了，而現時好些相信國際事件的言行，也不過是一種怪誕罷了。 資本主義在近世社會中，固然現出一道水溝，使人類好戰的本能由此發洩出來，然這道水溝一朝蔽塞了，如果教育和環境沒有變遷，不能使人類競爭本能的力量大大地減少，恐怕他們又會再找出一道別的水溝。 爲發洩他們這種本能之所。如果一種經濟上的改造能夠成就這種事業，他就算是籌得一種眞足抵抗戰爭的保障，如果他不能做到這種地步，那麼，恐怕普遍的和平之希望將被證明爲一種妄想了。

廢除資本主義可以並且一定大大地減少由報紙，和在事業不發達的國家裏面尋找投資新地域的財政慾望所產生的戰爭之激刺，但是那些由喜歡發號施令的本能和不忍受反抗的脾氣所生的激刺，雖或不像現在這樣利害，或者仍是存在的。 凡一種具有權力的民主主義，比一種不能在政府中享有相當權利的民主主義，差不多還更喜歡爭鬥。 馬克思的國際主義(Internationalism)是以「無產階級到處受治人階級的壓迫」那種假定之詞爲根據的。共產黨宣言末了幾句將這種理想都集中起來了：

讓那些治人階級在共產主義的革命面前發抖。 一般無產業的人除掉失去身上的鎖鍊外，沒有絲毫損失。 他們所得的是全世界。 各國工人啊，大家聯合起來！

一般無產業的人除掉失去身上的鎖鍊外，既沒有絲毫損失，那麼，他們的仇恨似乎不致加在別的無產業之人的身上。 如果世界的發達已經和馬克思所期望的一樣，則他所預見的國際主義或者已經引起一種普遍的社會革命。 俄國的發達和別國相比較，更近於馬氏所主張的制度那一邊，現在俄國已經發生了他所希望的一種革命。 在別國的發達如果和俄國相同，這種革命一定可以蔓延於文明各國。 而各國的無產階級或已經聯合攏來，視資本家為他們的公敵，共同加以抵制，並且因這種同仇敵愾的心理，他們自己互相仇視的事或已經一時消滅了。 就到了那個時候，他們因得到勝利，這種聯合的根據一定會消滅，而社會革命的翌日，舊日的國家競爭或又恢復起來了。 世間沒有一種萬能的化物法能夠從仇恨中產出一種普遍的和睦氣象。 那些為階級戰爭的原則所鼓蕩而活動的人，將養成一種仇恨的習慣，當老仇敵消滅之時，他們自然又找出新仇敵來。

但是據實在的事實講起來，無論在西洋那一種民主主義裏面，工人的心理和在共產黨宣言所假定的，完全是不相同的。他們並不覺得除掉他們身上的鎖鍊外，沒有絲毫損失，這也的確不是實情。鎖住亞洲和非洲，使之屈服於歐洲之前的鎖鍊半是他們鉸緊的。他們自己是構成一種專制和掠奪大制度的參與者。普遍的自由不獨要把他們身上比較輕便的鎖鍊除去，並且還要把他們曾經帮助加於世界屈服的民族之笨重的鎖鍊除去。

例如英國的工人不獨對於由掠奪各未開化民族所積集的利益，得享有一份，他們內中有好些人在資本主義的制度中也都有一份。各種同業聯合和友誼會的基金，都投入普通事業中，如鐵路之類，一班工資優厚的傭工已經將他們所儲蓄的金錢購買公債證券了；差不多所有在政治方面活動的人，藉工黨和各大的同業聯合之力，都覺得自己是構成種種決定國家政策之勢力的分子。有了這些原因，故他們對於人生的見解已經夾着許多資本主義的成分，他們攬權的意志既然發達，他們國家思想也跟着增進了。這種情形在任何種以仇視資本家和固守階級戰爭的原則爲基礎的國際主義中，必定永久是如此的。如果發達不止的民主主義不要承襲以前治人階級的種種弊病，一種比這種國際主義更有積極性和更能建設的主義是必要的。

我不願意人家以爲我否認資本主義極力掀動戰爭，或是以爲我否認如果私產制度剷除了，戰爭將不大出現，並且不很利害。反之，我相信取消土地和資本的私有權，是達到各國彼此相安無事的世界一種必要的步驟。我所爭論的地方就是，這種步驟固然是必要的；然單靠他來達到目的是不夠的，並且在各種戰爭的原因中，有許多原因藏在人類的性根裏面，比較一般正宗派社會主義者通常所承認的原因，還更加深遠。

現在我們特舉出一個例。在澳洲和加利佛尼亞(California)，一般人厭惡和畏忌黃種人之心，非常利害。此事的原因是很複雜的；而主要原因就有兩種，一是勞力競爭。一是本能上的種族仇恨心。如果沒有那種種族仇恨心，勞力競爭的難關，或能夠打破。歐洲的移民也來此等地方競爭、但是他們却不被排斥，在一個人口稀少的國中，只要稍微謹慎一點，儘可利用勤勉的和廉價的勞力來增進現有居民的財富；而這種勞力卽不用法律規定限於某幾種工作，也可藉風俗習慣之力，加以限制。但是因種族仇恨心遂使他們只看見競爭的弊病，不覺得協作的利益；因種族仇恨心遂使他們看見異種人不常見的壞處，非常驚駭，而看見同種人的壞處，就大度包涵。我不禁想及如果澳洲完全實行社會主義，現今那種一致反對中國或日本勞力的大宗輸入之事一定將仍舊存在。然日本如果也變成了一個社會主義的國家，日本人或仍是感受人口過多的壓迫，仍是想求一個容納的地方。在這種情形之中，雖兩國都實行社會主義，而各種足以發生戰爭的熱情和感觸一定是存在的。螞蟻是完全實行社會主義的，無論什麼團體不能勝過他們，然他們如果遇見鄰近的蟻羣中一隻螞蟻誤跑到他們的中間，他們就要將他弄死。人類在這一方面所具的本能，和螞蟻相差不甚遠，故無論在什麼地方，白種人和黃種人的種族界限，是非常之大的。種族仇恨心自然可藉適宜的環境來征服他；但是若缺少這種環境，那種仇恨心對於世界的和平就成爲一種很可怕的恫嚇了。

世界和平如果要想穩固，我相信除掉別的變遷外，必須使鼓勵一種國際聯盟計畫的觀念，充分發達。當時日向前推移，戰爭的破壞愈大，他的利益愈少：而生產的勞力既時常增加，大部分的人口遂得專心從事於互相殘殺的工作，因此那種反對戰爭之合理的議論，能夠逐漸得勢。當太平的時候，或是當一回大戰正告終的時候，人民的性子樂從理性，重愛和平，此時要開始宣傳使戰爭不時常爆發的計畫，是容易爲力的。如果一個開化的國家預先明白知道侵略者一定失敗，或者沒有一個文明國定要從事於侵略的戰爭。如果大多數強國把世界和平看得非常重要，對於侵略的國家所起的戰爭，就是和他們沒有直接的利害關係，他們也要一致反對他，那麼，侵略國就不能不失敗。這種希望就是國際聯盟的基礎。

但是國際聯盟之後如果沒有別種改革事件即刻跟着出現，他將和取消私有財產權一樣，決不足以達到世界永久和平的目的。這種改革事件如果要有效力，務必爲一種國際的改革，他的理由是很明白的；世界對於這種事件如果眞要進行，則全世界務必一致進行。要想維持和平，則減縮軍備的方法，是極緊要的事件中之一種。現在極大的陸海軍如果仍舊存在，那就沒有一種制度能夠防止戰爭的危險。但是要達到減縮軍備的目的。須由所有世界强國互相約定，同時一致進行。然各國間的仇恨心和疑忌心既仍然存在，這種事業似乎不能成功，因爲各國對於他的鄰邦將懷一種疑心，以爲他必不能公平正直去履行契約。各國間的協約如果要想達到防止禍害之目的，那麼，一種和我們在國際事件中呼吸慣了的心智和道德的空氣 (A. Mental and moral a'mosphere) 相異之空氣是萬不可少的。這種空氣一經存在，就可以用種種盡善盡美的法制使他濃厚，使他永久不滅；但這種空氣是不能由此等法制單獨創造出來的。凡國際的協作須有相互的善意，而相互的善意如果已經表現出來了，只有協作才可以保持他，使不致消滅。國際的前途專靠各國間是否能夠開始創造這種善意。

各種革命對於這樁事是極有益處的。自俄國革命之後，如果跟着就有德國的革命出現，那麼，這種轟轟烈烈的變局一時或已震動歐洲，使他拋棄他向來的思想之習慣；人類同胞的理想或已於轉瞬之間，突入實在的政治界中；而一般人民如果能使其相信人類都是同胞的理想；則這種理想必能見諸實行，因世間沒有一種理想比他還容易推行。人類都是同胞的理想，在各國之間，如果藉一種新革命所具的誠意和勇氣之力，開始推行，則各種困難定會一齊消滅，因爲這些東西都由互相猜忌和拘執向來成見而發生的。一般排斥革命爲一種進化方法而稱贊構成穩健進步（我們聽見這樣說）之漸進的和片段的發達之人（在說英語的人羣中，這種人很多），對於轟轟烈烈的事件改變全體人民的性情和信仰之効果，竟忽略了。在德國和俄國如同時起一種革命，一定會發生這樣的效果，並且一定會使現在在此處創造一種新世界的事，能夠見諸實行。

幸福時代不是我們現時所可望見的。這種大機會既已溜過去了，現在鼓勵我們的東西又是一種遼遠的希望，不能即刻激切去找救援。（原註）著此書時是一九一八年三月，差不多正是大戰中最黑暗的時期。 但是我們已經看見好些本來可以出現的事實了，現在我們知道當危急之際，大事業的機會是能夠出現的。 因此社會主義者的革命可以說是達到一條普遍的和平之路，當這條路經大家走過之後，各種別的防止戰爭的情形將從已經變換的心智和道德的空氣中發生出來。

凡頭腦清爽的理想家，對於日後各種討論的事件，就覺得有某一類的難題出現於他的面前。因有這種情形，故許多理想家相信到處適用的解決法，竟以某種理由，不能實行，而同時並爲一般因卑鄙或自利的動機而維持現今不平等的制度之人所反對。熱帶地方之非洲的情形就可以證明我所指的。在此處地方的土人中，如果主張即刻採用國會制政府，並且還伴以婦女選舉和比例的代表制，那就一定是極困難的。就我所知的而論，除掉魯意喬治(Lloyd geonge)以外，沒有一個人猜想此等地方的居人具有自決的能力。無論歐洲推行一種什麼制度，非洲的黑種人在一種長時期之中，將受歐洲人之支配和掠奪，這是沒有疑問的。如果歐洲各國都變成了社會主義的國家，具有一種俠義的衝動，不肯掠奪非洲無抵抗力的居民之財產來飽自已的私囊，那些居民也必定不因此得到利益；反之，他們還要失利，因爲他們將陷於一般各自營商的人的手中，聽其苛待，這種人挾有一種，萬惡的暴徒組成的軍隊，無惡不作。歐洲各國的政府對於非洲是不能卸去責任的他們必須治理非洲，大家對於他們最好的希望就是，他們應當以最小限度的暴行和貪慾，去治理非洲。　從保持世界和平一方面觀察起來，一個正待解决的問題是，分配白種人在非洲由地位上所得的利益，至於他們求得這種利益的方法，當出於正當，將使各國都覺得無瑕可指。　這種問題是比較簡單的，儘可照各處聯合的社會主義者所陳述的戰爭目的來解决。　但是我所願意討論的並不是這個問題。我所願意研究的問題是一個社會主義的或無政府主義的社會如何管理富於天然財產而爲一種十分未開化的人民所住的非洲地方？　在非洲的環境之中，白種人的團體除非自已大大地預防自已外，一定會養成一種待遇奴隸的習慣，自居於主人的地位。　他一定傾於限制黑種人的需要，使他們所得的東西僅足維持生活，而同時他却利用他們國內的生產物來增加他自已共產團體內的幸福和奢華。　他做這樁事是不知不覺的，恰和現今各國不知不覺去做最壞的事業一樣。　他一定要委派好些管理員，然他一定希望他們對於各種做事的方法緘口不言。　如果有好事的人報告種種驚人的事實，他一定不相信他們，一定要說他們說這種話是由於仇視現在的制度，由於不愛本國，反愛別國。　他既具有在本國組織新制度時那種慷慨的熱忱，起初一定存有一種使那些士人快樂的志願，這是毫無疑問的，但是他將漸漸地忘却他們，只想及從他們國內所得的貢稅。我不是說通通這些弊病是免不了的；我只說如果不預先看出這些弊病，努力去防止他們的實現，他們就不免發生出來。如果白種人的各團體能夠達到他們所企望的實行反對資本主義的革命之各原則時，他們待遇各受治的種族，當想法子成立一種絕對無私利心的組織。當治理非洲之時，應力避一種攫取資本主義的利益之邪念，所有各國的進款，當用在那些國內，如像他們自治一樣，這是很重要的。還有一層，大家應當時常記着，文化不進步，並不是不可救藥的，如果歐洲人專心致志引導非洲向民主主義的自治一途走，歷時既久，就是中非洲的人民也將有組織民主主義的自治之能力了。

非洲問題自然是很廣大的帝國主義(Imperialism)之問題中一部分，但是在這一部分之中社會主義的各原則是最難應用的。至於講到亞洲，特別講到印度和波斯，社會主義的各原則在實際的政治上雖難應用，然在理論上顯然是得到立足之地了。自治在非洲所遇的障礙物，在亞洲並沒有那樣利害。阻礙亞洲人民達到自由之道路的東西，不是因他們缺乏知識，但是因他們缺乏軍事的勇敢，因此遂使他們容易成爲白種人攫取主權慾望的犧牲品。當社會主義的革命發生之後，這種慾望或將暫時中止，在這種機會之中，亞洲的政策或可發生一種新轉機，因此得到利益無窮的佳果。

我的意思自然不是指我們應當强迫印度實行我們因自已的需要所發達的民主主義式政府。

我的意思是，我們應當聽印度去決定他自已的政府制度，自已的教育狀況，和自已的文化模型。

印度有一種歷代相傳的文物，和西歐的文物是大不相同的，這是一班受過教育的印度人所極寶貴的；但是我們大小各學校却不喜歡這種東西。

凡有愛國心的印度人都覺得他們的國家有一種文化，內中所含之有價值的元素，在西方各國或是沒有的，或是不十分注重的；他們願意自由保持這種東西，他們希望政治上的自由，大概不是因別的緣故，只爲這些緣故，所爲別的緣故，就是一個處於服從地位的英國人極容易想及的。

歐洲人對於自已文化所具的信仰心流於惑溺和橫肆，有了這種緣因和別的緣因。歐洲以外的文化之獨立，對於世界眞是很重要的，因爲全世界最大的進步，不是拘泥於同一格式的文化所能夠促成的。

我已經將所有保持世界和平的大困難問題極力指明出來了，這並不是因爲我相信這些難題不能夠制服，但因爲我相信這種東西一經認定之後，是能夠掃除的。治病第一步所必需的東西，是一種正確的診斷。國際關係中各種現有的弊端，在實際上，是起於心理上的原因，和現在構成人性一部分的種種動機。這些弊病中主要的東西是競爭心，爭權心，和妒忌心，此處所指的妒忌心是廣義的，凡因自已沒有得到同樣的勝利而自然厭惡他人勝利的心理都包括在內。凡從這三種原因而發生的弊病，可藉一種善良的教育和一種善良的經濟及政治制度之力把他除去。

競爭心並不完全是一種壞的東西。當這種心理應用於努力替公衆服務，和啓發或製作美術專業或物品時，他就成爲一種極有用的刺激物，激動人類努力去做他們本來無心要做的有益事件。競爭心唯一的害處就在他想要獲得世界有限的物品，因此一個人要據有這種物品，就不惜犧牲別人。當競爭心走入這一途的時侯，他就不免發生一種恐懼，因爲恐懼，差不多又不免發生一種殘暴了。但是如果有一種社會制度，使世間物質上的物品，分配更加公道，或可阻住競爭心的本能，使不向有害的道路上走，或可使他轉入於有益人類的道路中，這就是土地和資本共有制對於人性發生良好效果之一種大理由，因爲人性並不是一種固定的東西，看成年的男女之性情，就可以知道他是種種環境，教育，和機會之產物。

凡對於競爭心所說的實在情形，對於爭權心也是一樣實在的。現在一般人通常所想得的權力是命令權，這種權力或公然或暗中強迫別人服從一個人的意志。這種權力的本質在乎以橫逆加諸別人。因爲當強迫別人去做他們所不願意做的事體時，他才出現。我們希望那種代替資本主義制的社會制度將用我們前章所說的各種方法把這種權力降至極小限度。這種方法可用於國家事件上，也一樣可用於國際事件上。在國際事件中，可以應用同樣的聯盟主義：凡對於一個團體祇有關係而對於他團體無甚關係的事件，都由那個團體自決，凡對敵的各團體有利害衝突的事件都由一個中立的政府管理；但是大家當時常力守一條規定的原則，就是政府的職權當降至極小限度，總以合於公道和能夠阻止私人的橫暴爲止。在這樣的世界中，現在那種爭權心所走的有害人類的道路一定可以塞住。但是所有規勸，教導，和引人得到新智慧或實現新幸福的權力——這種完全有益處的權力應當保留，使不受搖動，許多在現社會中集精會神去求支配權之精力強壯的人，到了這樣的社會中，將集精會神於創造新事物，不復注意於保持舊弊端了。

妒忌心是第三種心理上的原因，我們曾將現世的壞處歸到他的身上，在大多數人的性情中，這種東西的出現是因一種根本上的不滿足之感，而這種不滿足之感的發生，是由於缺乏自由發展的機會，由於受過橫逆的本能，由於不能實現一種意想的幸福。妒忌心是勸教之力所不能醫治的；勸教的效力最好也不過改變他表現的形式，使他取一種更隱密的態度能了。

世間有一種稀有的性情，不管環境如何，總是豁達大度的，除掉這種性情可作一種有力的藥品外，醫治妒忌心唯一的藥方是自由和快活的生活。在一般大半無閒暇和愛情的自然愉快，及露天和曠野的天然樂趣之人民中，要希望他們度量寬宏，性情仁愛，是不可得的。就是要在這種人民裏面少數享幸福的人中找出此等美質，也是很難的，因爲他們也朦朦朧朧知道他們的利益，是由不正當得來的，他們只有一概不管那些沒有享得利益的人之利害，才能夠繼續享他們自已的幸福。　如果要使慷慨和仁愛這兩種美質成爲人性中普通的元素，那麼，此後大家務必不和現在一樣，當更加注意於人性中幾種單純的需要，並且當更加認清；在一般未爲特別的禍災所犧牲的人中，設法使他們快樂是可能的，是應當的。　一種富於快樂的世界，一定不願意投入戰爭的渦漩中，也一定不會充滿了我們現在褊狹的生活，對於通常的人性所造成之嫉妒的仇恨心。　一種快樂的世界並不是人力所不能創造出來的；凡人類那種無生氣的性情所演出來的障礙，並不是無法可治的。　眞正的障礙橫在人之心中，而醫治他的是由思想所造成和保障的堅定不移的希望。

第七章　在社會主義之下的科學和藝術

鼓吹社會主義的先鋒，多半認社會主義是增進俸給階級的福利底方法，而尤在物質的福利。因此，在無志於物質的人看來常以爲社會主義對於增進一般文明的進步底藝術和思想方面，不能有所貢獻。有幾派的社會主義者——馬克思一定也在內——甚至於說社會革命之後，便已到了極樂世界，人類不用再求進步，這句話確是未曾仔細忖量的話。現在一時代比較已過一時代是否更爲騷動不甯，或者呢，是否現在一時代僅能更飽和些進化的觀念而已，我都不能知道。但是不管他任何理由，我們斷乎不能相信現在的時代是在完全無缺的地步。所以不論何種社會制度，若必須有吾人之贊助，而他自身又是包有向更好境界的機會和刺激的，我們便要求這個社會制度來。因爲許多社會主義著作家所撥起的疑團，乃發生以下不可免的問題：社會主義在事實上是否仇視科學和藝術，又社會主義是否想要產生一個印板式的社會，在此社會中，進步是艱難而遲緩。

一般男女都得了物質的安慰，還還不能視爲已足。目前有許多小康階級中的人們，雖有很好的機會，但對於世界的生活不能爲有價值的貢獻，甚至爲他們自己得到些足稱爲有價值的個人幸福，也是不能。這班人乘起來的積數只是極微價值的事業。倘然社會主義不過把富家子中最無聊賴者所享受的生活與外觀給與一切人，那就使豪邁精神內的熱情少能鼓動了。

南達(M. Naquet)說：『集合生活的眞目的是學習，發見，和瞭解。吃，喝，睡眠，度日，一言以蔽之，不過是生活的附屬品罷了。若單就附屬作用而論，我們眞與禽獸沒有分別。生活的目的即是智識。倘使現在有兩種人間世隨我挑：一是有物質的快活，和羊羣在草地上放青一般飽食無饜，一是辛苦災患的生活，但在辛苦災難之中發生出永久的眞理來：我是要挑中後一種的』。（原注）無政府主義與集產主義第一百十四頁。

以上所論的兩種選擇，過趨於極端，未免有些不實。我們可以回答著說的，在那些有餘暇及機會以享受『永久眞理』的人們，痛苦的事是有別人去受的，則誇張自己(所作事)的重要，原是容易地的。這是事實如此；然使離此問題，則思想對於進步的重要也就顧不得。

把人類生活作爲一個整體看，則無論將來與現在，一社會中若有些人做知識上的追求，而其餘者忍受極大的貧苦，則此社會於終極的善底希望，要比那個人人耽溺於偷惰的苟安底社會，劣得多了，這是可無疑義的。　貧苦是大惡，這是確實的，但是，視物質繁華的自身爲大善，却是不確實的。　若說那個對於社會有眞價值的，一定是那使屬於心的生活底高尚善向前進步底手段。　但是心的生活所包含不僅是思想與知識，而且若非和一般社會生活有些本能的接觸，(不論如何深深隱藏的接觸)，便不能十分健全。　離於社會本能的思想，和藝術一般，易流於裝飾的玩好的一途。　這樣的思想與藝術的地位，就是浸潤著服務於人類底本能的意義底思想與藝術的地位，才是我們所欲考慮的，因爲祇是這樣的思想與藝術能使心的生活有爲社會生活重要部分的意思。　在此意義的心的生活，社會主義是扶助的呢，還是壓迫的？　而且是否仍對於進步有充足的刺激，以防止有東羅馬帝國的沉滯狀態呢？

論到這個問題，在或種意義上，我們是出於民主主義範圍之外了。　社會一般的善，祇實現於個人身上；但是現於有幾個人身上的，比較現於餘者的更爲完全些。　有些有包涵的且洞察的智力底人們，能彀了解並記憶前人所思所知的事，並且能發見新天地，而在其中享受獨創的思想家底高尙的快樂。 另有些人，有創造美的力，能把無形的憧憬假以形象，從此中發出歡樂來給多數人。 這種樣的人，比之其餘的大多數人爲更有幸福者，而且對於共同生活也是更重要者， 社會一般善的大部分是集中於此輩人身上，迥非普通男女可比；但是他們對於一般善的貢獻也要比別人大些。 他們是突出於人叢中的，不能完全地被揹到德謨克拉西的平等底骨架裏去。 如有一個社會制度想使得這班人不能發揮天分，（成爲不生產的）不論他有如何樣的旁的功績，也是要排斥的。

第一要認明的——雖然在商業的時代這是難能的——便是在任何金錢報酬制下不能產生創造的精神活動力底最良者。 激勵精神空氣底機會與刺激是重要的，但是，如果有了他們便用不到金錢的誘惑，反是，若沒有了他們，物質的報酬亦將無效。 功績的報酬，即至如金錢形式的報酬能叫已到老年的科學者——他是曾終生和學究的偏見激戰的——或藝術家——他曾忍受多年的誹訕，因爲他不照前輩的畫法作畫——見了有些快慰；但是他們工作時的努力却不是受了這種快樂的遠希望底鼓舞。一切最重大的工作都從一個不可測的衝動出來，而且最能助長這衝動的，也不是事後的報酬，而是那個能保此衝動活著并給以活動餘地的境地就創造這樣的境地而言，我們現在的制度就很有許多缺點。社會主義可能好些麼？

這問題我不以為不先把所欲採行的社會主義的類種分別一下，就能回答的：以我看來，有幾種形式的社會主義。對於這一方面，竟至比現在的資本主義更欲破壞些，至於其餘的幾種，許是較為好得很多。有三件事，若能具備或維持於一社會制度中，是有益於精神的創造的：（一）專門的訓練；（二）自由遂長創造的衝動（三）不拘大小至少欲使一部的民衆有最後的評騭鑒別力底可能性。我們姑且不欲辯論到個人的天才，以及那個使幾個時代有偉大的科學與藝術，而其餘的時代則科學與藝術，俱呈寂寞荒蕪底無形的條件——並不是因為這些條件是不緊要的，却因為他們被人知者太少，不能算在經濟的或政治的組織中說明。從我們目前的見地看來，適才提起的三個條件，似乎已可概括所能見的利益與弊害底大部分了，所以我們現在所欲討論的即限於此三條件。

一專門的訓練——以目前的情形而論，專門訓練不論是屬於科學的，或是藝術的，必得一個或二個條件。就是：此少年必是富厚人家的兒子，他的父母力能供應支持他的教育費，或者呢，此少年於早年時必須顯露他的非常能力，幫自己謀得一個學校免費額，直到預備生活獨立時爲止。前一例呢，自然不過是運氣罷了，在任何種的社會主義或共產主義底下，這運氣是不能保其現狀的。擁護現存制度的人就把這個損失看得很重，自然這損失，多少總不免是實際的損失。但是富厚人家是人民全體的一小部分，而且平均計算起來。富厚人家子弟的天賦才能不能比同時代的較爲不富者格外好些。如果這班少數人——他們中間有的是能在科學與藝術上做出好工作的——現在所享受的利益可以擴充開去，就使這擴充的形式是微爲薄弱的，既到一切受有同等天賦的人們的身上，其結果許是一定有益，而現在投之荒廢的許多才能也就結了果實。但是如何方能辦到這一層呢？

由競爭以得免費學額底制度，雖然比全無是要好些，却是從許多方面看來是要反對的。這個制度把競爭的精神引到極幼稚的工作中去；使他們不從知識的眞正利益或重要底立點上觀察知識，而反從有用於考試與否底立點上去觀察知識；這個制度又誘進一種能力：過問時使小智以取對答如流底能力，而不能誘進過深思難題時暫時沉默底那種能力。恐怕還有一個比這些缺點的任何個更欲壞些的，便是使青年過勞的傾向，這是致使他們達到成人時缺乏活力和興趣的。現在有許多精美的頭腦喪其銳敏挫其峥嶸，其原因卽在於斯，恐怕是無疑的。

國家社會主義也許能容容易易把這由競爭考試以獲得免費學額底制度普遍化了，如果這樣辦到了，怕的是很有危害。現在的國家社會主義者所迷戀的那個制度正是如官僚政治家所愛的那一種制度：秩序，精緻修整，給勤勉習慣以一刺激，和省削國家統計表或公費報告冊上所可省削的那一種開支。此輩將說，自由的(不收費的)高等教育，所費公幣太大，而又祇對於特別才能的人有點用處；所以，他們當然又將說，自由高等教育不能一切人皆得享，祇能給與那班得之則將成社會中更有用的分子底人們，這種樣的論調、給所謂「實際的」人們聽得了，覺得意很是動聽，而反對這論調的駁論，在他們看來，反是一種很難得一般人起信底議論。　雖然，對競爭的罪惡而反抗乃是社會主義者反對現行制度底本質的一部，即據這一點而言——姑當他更無別的了——已應召集贊同社會主義的人們來找些更好的解決法子了。

最簡單的解決，而又是唯一的眞能有效的解決，便是使各種的教育都免收費，任憑自願一切求學的青年男女至二十一歲爲止都能求學。　大多數的人厭倦讀書約在二十一歲之前，此後立刻想開始選擇旁的工作了；此事引進一個自然的選擇，擇出那班於某事有强烈的興味要求有長期訓練底人來了。　這樣選擇出來的——由各人自已的嗜好底選擇——人們底中間，凡具有某種特別才能的人，大概已經包羅盡了。　此中也有許多才具平庸的人，這是的確的；例如志願爲畫家的人不能盡是能畫畫的人。　但是這一點程度的損失，社會很可以担負得起；和現在扶持富而惰者所受的損失一比這一點損失可就小至不可數計了。　任何制度，如其目的要免避這種樣的損失，一定要受到更極嚴重的損失，因爲每一時代內最良的天才欲因此而受毀壞被排斥了。　一切願意讀書的人都受免費教育不論至任何級，這是唯一的制度，能與自由的原理相合的，也是唯一的制度能有發揮全才能底合理希望的。　這制度和一切形式的社會主義與無政府主義都能相合無違。　理論上竟可說這制度和資本主義不相違背，不過實際上其精神全相反對，沒有一個完全的經濟改造，這是難見實行的，　若望社會主義把這個制度(教育解放)帮助辦成功，一定先得有一番贊成改革的非常有力的辯論，講到現在社會貧苦階級中所浪費的天才一定是大得出驚的。

二•自由遂長創造的衝動——一個人，當其訓練已經完全了，如果他是真有大才能的，而又得完全自由以發展他自已的嗜好，則他必做出最好的工作，創造一已所見以爲是好的，不顧「老作家」的批評。　這種辦法，現在只有兩種人是可能的：一種是自有錢財的人，一種是能有一個不礙及他的全般精力底職業以餬口的人。　在社會主義底下，沒有一個人能有私產的了，那時如果關於科學和藝術沒有損失，則現在少數人偶然得的機會將慢慢地具備於大多數人了。　用自已錢財以爲創造的機會底人們，本來不多，可是很重要：其例如彌兒頓(Milton)謝萊(Shelley)濟茲(Keats)達爾文 Darwriu 等人。　如果這幾位一定要兼顧一已的生計的，恐怕沒有一個能做出這樣好的事業。　如果達爾文是個大學校的教授，則因爲他的侮辱聖經的理論是僧侶們所反對的，因而他的教授地位亦一定保不住了。

雖然，世上創造事業的大部，現在仍是靠着一班依別項職業（即與所創造之事非一事的職業——譯者註）以餬口的人們做出來。科學以及一般的實驗研究，大抵是那些靠教書生涯以餬口底人們在暇時做出來的。就科學一例而言，只要化費在教書的鐘點數目不過多，於他的研究原沒有很大的妨礙。這是半因現代是科學非常興盛的時候，故科學與教書非常容易聯合一氣。至於在音樂上呢，製曲家而兼是個奏曲的樂師的，也得享受同樣的利益，不過倘然不兼是奏曲的樂師，那就一定得餓死，除非他是自有錢的，或是願意迎合衆人的脾味的。在美術一方面，情形大概是相同，若要靠眞眞的好作品度日，或想找個副職業，有足彀暇時以事創造，在現代的世界，這是不容易辦到的。這是藝術不及科學那樣興旺底或然的理由——雖然決不能說他是唯一的理由。

官僚派的國家社會主義者對於這些疑難將有一個簡單的解決法。他將指定一個團體，其中包含着科學界和藝術界中最著名的人物，他們的事務就是批評青年們的作品，凡協合他們的賞鑑眼的作品，都給了審查合格的證書。一個得有審查合格的證書底藝術家，方得以出產藝術品算盡了他對於社會的義務。但是，這位藝術家當然要勉强常常產出適當數量的作品以證明其勤於所業，又要有繼續不斷的才能去討好他的前輩的批評員——直到，時機既熟，他本人也做了批評員時爲止。用這個法子，當權者担保的藝術家，祇是那些合着，守着，並服從着他所從事之一藝術底最好的傳統說底藝術家。那些不能滿足這些條件的藝術家呢，便欲被吊銷審查合格的證書而迫得去找旁的不確定的謀生方法了。這是國家社會主義者的理想。

在這樣的一個世界裏，凡是使得人生可受美的愛好的，都要消滅了。藝術是起於人類本性底野獷而無壓制的方面；藝術家和官僚政治家的中間，一定常隔着一個很深的溝，在長至一時代的戰爭中，藝術家雖則表面上常是敗北，但到底靠有人類的感謝——因爲藝術家把歡樂送到人的生活中去——而得到最終的勝利。如果人類本性的野獷方面永久被惠民的無理解的官僚政治家底常規所屈伏，則人生的快樂將絕跡於地上，求生的衝動將漸漸地萎謝而且死亡了。　現在的世界雖有萬般恐怖，然比之這樣一個死的木乃伊的世界，却要好上幾千倍。　無政府主義雖有萬般的危險，然比之欲拘束那些一定是自動的而且是自由的（如果是有些價值的）東西在常規以內底國家社會主義，却好些了。　藝術家以及一般愛好美的人，都因這個惡夢作的怪，所以常常疑及社會主義。　但是社會主義的本質中，幾無一物是使藝術不可能的：祇有或種形式的社會主義許能生出這個危險。　威廉莫理斯（William moris）是個社會主義者，正因其是個藝術家所以是個社會主義者。　由今觀之，莫理斯沒有什麼不合理呀。

不論什麼制度，若是要藝術家先必證明他是合於當權者團體的意思，然後許他自由發揮一已的衝動的，則這制度底下的藝術或任何種的高等的創造活動都沒有繁盛的可能了。　隨便那個眞眞偉大的藝術家，在他的前輩——一般人都認他是最適宜於造成一個意見的——看來，一定總是不合意的。　僅僅這以取悅老人做創造目的這件事，便是自由精神與大胆革新的仇敵。　而況難點尙不止此，選擇而讓老人主持，將引入嫉妬，誹謗，陰謀諸惡，發生暗中競爭的壞空氣。所以，這種難計畫底唯一的成效，祇是或能把現在偶然僥倖成名的少數人革除去了，使不能僥倖得名。欲求藝術的繁盛，不論任何制度都不行，祇有自由一道。

在正當種類的社會主義底下，有兩個法子可使藝術家得到自由。他在治藝術以外，應做一些有定的工作，每天祇做幾個鐘頭，受的工錢也比做全天的相當地少些。在這例中，他自然可以自由賣他的作品，如果他能找到買主。這樣的一個制度，應有許多的好處。這制度絕對地讓每個人都能自由變成個藝術家，祇要他願受些經濟上的損失。又不會妨害那些有强烈而且純正的衝動底人，却能排斥那些徒以藝術爲游戲的人。現在許多青年藝術家自願受的貧乏，比之在一個善良組織的社會主義社會中祇做半天工作的損失，簡直是大得很多。而且幾分的困難，也可作爲創造衝動强度的試驗，又可爲創造生活的特種快樂做個平衡，故是不反對的。

還有一個可能性，就是照無政府主義者的希望，把生活的必需品均分給一切人，不論他是做工與否。(原注)參然第四章內所講。照這計畫，每個人都可不工作而生活：那是所謂「游民的工錢」，"Vogabond's waze"生活是設的，可是不能奢侈。那自願費其全時間於藝術和享樂的藝術家，可以靠著「遊民的工錢」過活——他想出去看看外國的時候，就可步行去游歷，享受空氣與日光，和鳥兒一般自由，或者也不見得比鳥兒少些幸福。這種樣的人該是使社會生活得些變化和色彩的；他們的人生觀該和那些永居於家的勞工們底人生觀不同，而且借此可以保存那清快心境的最要原質，這是常爲我們的冷淡而嚴厲的文明所殺的。如果此輩人變成很多，也許是勞動者經濟上很大一個担負；但是我總不以爲這種不取比較地輕鬆而愉快的工作——那時這種的工作是通常的——却反願以十分能力求簡單享樂而甘貧乏與自由底人們，是能很多的。

用了上述兩方法的一個，就可以使得社會主義的社會裏底藝術家保得自由——比現在任何人——資本家不算——所得的自由更爲完全更爲廣闊普遍些。

但是仍有幾層不大容易的問題留待解決。例如印刷發行書籍。像現在的私家書商，將來在社會主義下是沒有的了：在國家社會主義呢，不消說得，自然是國家做唯一的印刷發行人；在工團主義和同行會的社會主義底下，也有書業聯合會(Féderation du Livre)完全承辦這件事。然在這種情形底下，究竟誰來決定什麽稿子可印什麽不可印呢？由此可以明白。將來檢查的機會要比現在的檢查制度更進一層嚴厲。倘然國家是唯一的出版家，那就一定不許印刷反對國家社會主義的文字。倘然書業聯合會是最後的審查人試問批評書業聯合會的文字到那裏去印呢？除了這種政治上的困難之外，還有困難，例如文學，若也要經過知名士的審查，則其爲害，正和上文所講關於一般美術的一樣了。這種難處都是嚴重的，倘然文學是應得隨他自由的，便該想個對付的法子。

克魯泡特金是相信腦的工作和體的工作是應該連合的，所以他說著書人自已應該做排字工和訂書工等等。他竟至說印成一本書的種種手工都要著者自已去做。照此，不免欲疑惑世界上沒有許多著作家能辦得到，而且無論如何，我總以爲著作家而離開自已所懂的事，去做別人所擅長的事，而又做得很壞，是一件耗費時間的事。雖然，這與我們眼前的問題無涉，我們眼前問題仍是發行的稿件應如何選擇。照克魯泡特金的計畫，一定要一個著作家會(Authoo's Guild)併連一個發印委員會(Comlmittee of management)，如果無政府主義容許有這些組織。 這個發印委員會應決定那幾種書(提出請他們決定的)有發印的價值。這中間，自然包有這些委員自己的書和他們朋友的書，但是不包進他們仇人的書。 原稿被退還的著作者不見得就肯忍耐費却工夫替他的成功的敵手排出書來，如果不論何書，一切都印，就得有大規模的印刷，也是不容易的。 這個計畫若行了，恐怕難使文人間能保有和諧，也難使不和習俗之見的任何種書，能得出版。 舉個例，如克魯泡特金自已的書，就難得人家的贊成。

對付這些困難的唯一的方法，不論是在社會主義底下，或是行會的社會主義或是無政府主義，似乎還是讓著作家自已出費印刷，如果國家或行會不肯出費替他印刷的話，這樣，倒是可能的。 我很知這個方法和社會主義的精神反背，但是我竟想不出還有什麽旁的法子可以得到出版自由。 印書的工夫，可以使這位著作家於指定日期內做些公認為有益的工作，以為抵償，並依生活的必要，把所得數中的一部分仍歸給了他。 照克魯泡特金的提示，這些工作一定要是印刷工作的一部，但是我見以爲沒有定要如此的特別理由。不論書的內容的性質如何，倘然已出到標準的印刷費，就不該拒絕印刷，這是絕對的規則。一個有名的著作家，也許可得崇拜他的人們底贊助，付他的印刷費。一個不出名的著作家自然不得不忍受些安樂的損失以付償印費，但是這倒也是個自動的制裁，可禁除那些不是很深的衝動底結果底著作多出版，所以，這方法不見得全然是有害的。

關於出版及演奏新的音樂，恐怕也可以用到和這個相像的方法。

以上提示的方法，一定是要受正宗派社會主義者的反對，因爲他們以爲凡個人做了某種工作而得報酬這個觀念，是悖於他們的原理的。但是做制度的奴隸是錯的，而且每一個制度如果嚴格地應用他就有流弊，祇有當特別情形的緊要時能彀變通，方能免去流弊。就全體看來，一個善良形式的社會主義：能把無數的好一些的機會貢獻給科學家和藝術家，那是資本主義的社會所不可能的，但是這個被採行的社會主義的形式祇限於那一個具備適合此目的底條件底社會主義，如我們上文所提示的。

三，鑑賞的可能——這一個條件不是那從事於創造生活的人所必需，但是我的意思，倒以爲大多數的人，很是不可缺了這一條。我的意思，非指公衆間廣的承認而言，亦非指那個無知的半誠意的尊敬，通常對已成名的藝術家表示的。這兩者之中，沒有一個是有大意味的。我的意思，實指理解藝術的重要，以及覺得藝術是重要的那個自然的感情。在澈底商業化的社會內，一個藝術家如果已經掙了錢財，人便尊敬他，而也正因他有錢，所以尊敬他，但是對於這位藝術家的錢財所由來底藝術品却不能有眞心的尊敬。一個靠鈕扣兒或是糖果兒發財的百萬富家翁是被人出驚地注視的，但是他的錢財所從出的鈕扣兒和糖果兒却就受不到這個出驚地注視的感情。在一個以金錢忖量一切事物的社會內，忖量藝術家時亦復如此。如果這位藝術家已成富翁，雖然一定是不到百萬的，他就受人尊敬，但是他的畫兒，他的書籍，他的樂譜，受到的看待，却和鈕扣糖果受到的一般，祇當是掙錢的手段能了。在這樣的空氣中，求藝術家得保存他的創造衝動於純潔，是很難的：他不是受了環境的汚，便是因爲無人賞識他的努力底目的，以致潦到不堪。

藝術家的鑑賞不像藝術的鑑賞那樣重要。　藝術家住在一個以功用評判事物而不以物之本來價值評判事物底環境內，是困難的。　在人生的全方面，藝術是花，須得有所謂不計利害這個東西，這就是只求直接娛樂不想到明天的問題和困難底能力。　當我們見滑稽而喜悅的時候，他們的喜悅，非因覺得此滑稽是有俾於重大問題，故而喜悅。　如斯相同的直接快樂也包含着任何種眞正的藝術鑒賞時所起的快樂。　生活的奮鬥，一商業或一職業底嚴重的工作，常使人太無餘趣以滑稽，太無餘暇以事藝術。　停止生活的奮鬥，減少工作的時間，減輕生存的負擔，這些都可從一個好些的經濟制度得到，則生活的快樂以及有益於世界上純眞快樂底生命力，也是不至於不增加的。　如果辦成了這一層，一定能對於美的事物更多自動的愛好，並且更能欣賞藝術家的作品了。　但是這些結果沒有一個可以由僅僅除去貧乏而能得到：欲得這些結果，亦應有普及的自由意識，以及個人精神上全脫負擔碩大的機械底壓迫的感覺。　我不以爲國家社會主義能給我們以如此意義的自由；但是，旁的社會主義——那是含有無政府主義教義底眞理的——能辦到幾分，資本主義是全然不可能。

進步及成功的一般意識是一切創造工作底莫大的刺激。因這緣故，大部分又得靠着——不但在物質的方法——這個問題；即工業與農業底生產方法是否變成固定了呢，抑是繼續着急變如過去數百年間他們(工業與農業)曾做的樣子。將來每人所受的即是勞工出產的總數中他所應得的一分，則改良的生產方法之有利於一般社會將比現在更加明白。但是也許將來不是個個人都對於技術上的改良有直接而濃厚的興味，如現在屬於製造業中的資本家一樣。如果勞動者自然的保守性不見得比他們的增加生產的興味更强，便須以下的必要：當任何工業的勞工引進一個好方法時，至少有一部分的利益許其被他們暫時保留。如果照這樣辦，各同業會將繼續地尋求新方法或新發明，並將尊重那些有用於此目的底科學研究底各部技術，這是恐怕可以預言的。待到一一都改良了，就起了一個問題，即是否該利用以增加財貨的分配呢，還是拿來增加休息的時間。那時既比現在多了許多暇時，則有科學知識或了解藝術底人們也將多了許多。藝術家和科學研究者將不如現在之與一般市民隔絕，這就幾乎必然是創造活動力底一個刺激了。

我想我們可以明白作個結論，從藝術與科學的三個必要條件——就是訓練。自由與鑒賞——底立點而言，國家社會主義大概不足以除去現存的害處而且說不定難免要引進自身上的新害處來；然而行會的社會主義卽至於工團主義呢，如果能對於那些自願做一件被承認的職業，其工作時間少於通常的鐘點數目底人們，採用自由政策，則也許對任何事都要比在資本主義治下所可能的，更强上不可計數。　危險是有的，但是如果自由之重要被完全地承認了，危險將一概消滅。　在此點上，正如在其他幾於一切的事一般，到一切是最好的路便是自由之路。

第八章　能夠造成的世界

在多數男子和婦女的日常生活中，恐懼心占據一大部分而希望心只居一小部分：他們時常顧念他們的財產會被別人奪去，不甚想及他們的可以在自已的生活及和他們相接觸之人的生活中創造出來的愉樂。

人的生活不是應當這樣度過的。

有些人的生活對於自已，朋友，和世界，都有益處，這種人是受了希望的鼓勵，和快樂的營養：他們的腦子裏面，知道世間可以發生的事件，和這些事件實現的方法。在他們私人的關係上，他們是不惦念着怕失去世人對於他們的敬愛的，他們乃一心敬愛世人，酬報不待求而自來。在他們的工作上，他們是不爲妒忌競爭者之念所擾的，他們所關心的只是應當做的實在事件。在政治上，他們不妄費時間和熱情去擁護他們階級或民族之不正當的特權，他們的志願是在使全世界更加快樂，減少社會中的暴行和各對敵團體間因貪婪所起的衝突，使世界得遂自由生長（未被壓制妨礙發達）的人日加增多。

在這種精神中過的生活——就是志在創造不在占據的精神——有一種根本上的快樂，這種快樂是橫逆的環境所不能完全刼奪的。這種生活方法便是福音書（Gospels）和世上各大教主所讚美獎勸的生活方法。凡曾經遇着他的人，都是不受制於恐懼心的專暴，因爲他們生活中所最寶貴的東西，是不受制於外力的。如果人類都能不顧障礙和失意的事件，振起他們的勇氣，洗刷他們的眼光，生活於這種方法之中，那麼，就不消從政治和經濟的改革去着手世界的再造了：由個人道德的再造，凡改革上必須的事件，都會自動無阻的實現出來。

但是耶蘇的教義爲世界所遵信，在虛名上雖有了好幾世紀，然一般實行這種教義的人，和在君士但丁（Constantine）以前的時代一樣，仍受懲罰。經驗已經證明，世界沒有幾個人能從一個遊蕩者的生活表面上的惡點裏看到那種由誠信和創造的希望所生之精神上的快樂。

如果要推翻恐懼心的宰制，就普通人民而論，單靠教他們鼓起勇氣，對於患難存一種冷淡之心，是不夠的，必須要除去恐懼的原因，使善良的生活不復爲世俗所謂不成功的生活，并減少那種加於一般不知自衞者的損傷。

論我們所知道的世間生活裏的惡點，大概可以把他分爲三種。　第一種起於物質上的性質：凡死亡，痛苦，和使田地生出養生品的困難，都屬此類。　這種惡點今叫作『物質的惡』(Physical evils)。　第二種起於受苦者性格上的缺點或他的自然嗜好：凡癡愚無知，無意志，和暴烈的脾氣，都屬此。　這種惡點今叫作『性格的惡』(evils of character)。　第三種起於一人或一團體壓制別人或別團體的權力：不僅公然的專暴屬此，就是以强力或以過度的精神上的影響——如教育上可以有的——去干涉別人的自由發達，也屬於此。　這種惡點今叫作『權力的惡』(evile of power)。　一種社會制度的好壞，便可照他在這三種惡點上的關係去判斷。

這三種惡點之界限幷不能嚴格劃分出來。　純粹物質的惡本有一種限度，這種限度我們決不能相信已經達到：我們雖不能剷除死亡，我們固常能應用科學將死亡延遲，到後來，幷可能使大多數人都得高壽；我們雖不能完全防住痛苦，我們固能使人類都得康健的生活，因此把痛苦無阻的減少；我們雖不能不勞動使地球產出豐盛的收穫，我們固須減少勞動的分量，改良勞動的境況，以至於使他不復是一種惡。　性格的惡常是病様的物質惡之結果；更常是權力惡之結果，因爲專暴是使行他的人和受他的人（就大體而論）都墮落的。　權力的惡，是爲有權力者性格的惡，和無權力者物質的惡——這種物質的惡每成無權力的人的命運——所生的恐懼，愈加利害的。　因有這些理由，故三種惡點實互相牽繞。　但泛言之，我們固可把我們的患難分爲一種起於物質界的，一種大體由我們自己的缺點而起的，和一種因我們受別人支配而生的。

和這些惡點決鬥的主要方法是：對於物質的惡用科學；對於性格的惡用教育（最廣義的）和各種不含專制的衝動之自由發揮；對於權力的惡則改革社會之政治和經濟組織，使一個人干涉別人生活之事降至最低限度。　我們先討論第三種惡，因爲權力的惡是社會主義和無政府主義特別力求補救的。　他們對於財富不平均的抗議，大半是以他們對於由財富所具權力發生出來的惡點之見解爲基礎。　柯爾已將這一點說得很好，他說：

我要問，在近世社會中，我們應當指明剷除的根本罪點是什麼？

對於這個問題有兩種答案，我確信很多懷着好意的人會要答出那個錯的來。　他們應答「奴役」的時候，他們會答是貧窮。　他們每天逢着巨富和赤貧，高紅利和低工錢，這些可恥的對照，他們痛心疾首的知道藉公私慈善事業的方法，去調劑貧富，使之平均，是無效的，他們會毫不遲疑答道，他們贊助剷除貧窮。

也好！　也好！　在這個問題上個個社會主義者都和他們一致。　但是他們對於我的問題之答案仍然是不對的。

貧窮不過病象：奴役乃是實病。　束縛與放縱達於極端，貧富不免也要隨着達於極端。　多數人幷非因其貧而被奴，乃因其被奴而貧。　但一班社會主義者乃太常常注目於貧民物質上的困苦，而不知道這種困苦是基於奴隸之精神上之墮落。　（原注）見工業自治的第一百十頁和第一百十一頁。

我以爲凡有理性的人必相信現制度中權力的惡質過大於必須的，幷相信可以用一種適當的社會主義將他們大大地減削。　少數幸運的人現在誠能依賴租金或利息，自由生活，他們如在別種制度之下，殆不能享有更大的自由。　但是不僅大多數赤貧的人民，須爲着賺錢過活作奴隸，就是各種傭工甚至於各種專業階級(Professional classes)也須爲着賺錢過活作奴隸。　他們作工差不多都是十分着力的，他們簡直沒有娛樂和做別種事業的閑暇工夫。　一般能於中年以後休養的人，又是索然無趣的，因爲他們未曾學得閑暇的時候怎樣消遣，而他們以前工作以外所有的興趣又不復存在了。　但這些人已是非常幸運了：至於大多數人都須做苦工到老年爲止，常常存着怕窮的心理，稍微富足點的怕無力使子孫受教育，或無力供給子孫疾病時必需的醫藥；貧窮點的就時常不免於饑餓的禍患了。　對於工作之管理，差不多所有作工的人都無發言的權利；當工作之時，他們不過是些機器，專完成主人的意志罷了。他們時常在種種不合意的條件之下實行作工，精神上方感受痛苦，而身體上復疲勞不堪。工作之唯一的動機是工錢：說工作是一種樂趣，如美術家的工作一樣，這種意見時常被人嘲笑，稱爲一種完全烏託邦的理想。

但是這些惡點大部分都不是不能免除的。　如果能夠使人類的文明分子只希求自己的幸福，而不存加人以痛苦的心思，如果能夠使他們從事於與天下共享之建設的改革事業，而不出於妨礙別種階級或國家進步之破壞的行動，那麼，在三十年之內現在世界的全部制度定可完全改了。　從自由之見地看起來，什麼制度會是最好的呢？　我們應願意進步的勢力往什麼方向進行呢？

如暫時將所有別種思慮都丟開，單從這個見地去觀察，我深信一種最好的制度一定是和克魯泡特金所主張的制度相差不遠，而由採取行會社會主義的主要原理，弄得更可實行的。因爲不論什麼論點都可以生出爭論，我今姑不加議論，只把似乎最好的那種事業之組織說明出來。

教育應當是强迫的，直到十六歲爲止，或更長一點；從此以後，是不是還應受教育，當隨學生自己的意思，如果願意再受教育，儘可自由繼續下去，至少至二十一歲。　當教育期限已滿之時，沒有一個人當被强迫去作工，凡不願意作工的人當得到一種僅夠維持生活的生活費，並且當聽其完全自由；但是社會上有偏袒作工的一種有力的輿論，也或者是很要得的，因此使喜歡懶惰的人在比較上不過居最少數。　使懶惰在經濟上成爲可能的事，一種大益處，就是他會供給一個有力的動機使工作不是討厭的事，在一個社會中大部分工作都是討厭的，他的經濟問題不能算是已經解決了。 現在那些每年從投資收入(假定)一百鎊的人，十個之中至少有九個願意從事於有償的工作，藉以增加他們的收入，從這種事實看起來，我以為假定喜歡懶惰的人只居最少數，這種說法是合理的。

論到大多數不喜歡懶惰的人，我以為一方面利用科學，一方面除去國內和國際競爭中大堆不生產的工作，我們可假定每人每天作工四點鐘，就可使社會全體的生活，十分舒服。一班有經驗的雇主現在已經力言他們的傭工在六點鐘的工作時間內所產的物品竟能夠和在八點鐘工作時間內所產的相等。 在一個技術教育的程度比較現在更高的世界中，這種工作力增進的傾向將更迅速。 對於普通一般人民將不和現在一樣，僅教以一種藝術，或一種藝術中的一小部分，却將教以幾種藝術，使得因氣候和需要的變遷，隨時改業。 凡關於各種工業內部之事，將由他自理，就是各種分立的工廠對於只和廠內工人有關係的各問題，都將由他們自已決定。 工廠的管理權，將不和現在一樣操在資本家手中，却將操於被選舉的代表之手中，恰和在政治界一樣。凡生產者相異的團體間各種關係，將由行會議會決定，而關於社會中某一處居民的事件，將仍由國會決定，同時國會和行會議會間各種爭端，將由這兩種機關選派人數相等的代表，組織一個團體共同解決。

凡報酬法則，不是和現在一樣僅對於需要的和已經履行的工作給予報酬，將來凡願意作工的人都能取得報酬。這種制度在好些薪水優厚的工作中已經採用：一個人據有某種位置，當沒有多少事做的時候，他仍然保持這種位置。賦閒和失却生路的恐慌將不復和夢魔一樣時常來擾人了。所有願意作工的人所得的報酬都是相等的，或是非常的技藝仍將取得非常的報酬，這樁事可聽各行會自已去決定。一個樂劇唱演人所得的報酬如果不多於舞台上一個佈景的人之報酬，他或願意去當一個佈景的人，一直到這種制度變更爲止：既有這樣的情形，更大的報酬一事，或將覺得是必要的。但是這種制度如果是由行會自由投票決定的，也總不會發生一種隱痛出來。

對於使工作適合人意的事無論如何盡力，據一般的推測，總有幾種職業是大家所不樂爲的。　一般工人既不受窮困的壓迫去從事這種職業，就只能為更大的工錢或更短的工作時間兩樁事所引誘去做此等事業。　那時社會為想設法減少這種職業中不適合人意之點，會有一種强大的經濟動機力。

在我們現在所想像的社會中，仍須有貨幣，或和貨幣相似的東西。　無政府主義者自由平均分配工作，全體產物的計畫，不足以除去一種交換價值的標準之需要，因為各人的嗜好都不相同：一個人願意取得某種物品當作他們所應得的分子，而別人又願意取得別一種貨物當作他所應得的分子。　到了分配奢侈品的時候，年老的太太們就不願意取得雪茄烟當他們應得的分子；年少的男子們也不願意取得叭兒犬(Lap-day) 當他們應得的分子；有了這種情形，知道多少枝雪茄等於一隻叭兒犬是必需的。一種極簡單的方法就是和現在一樣，付人以一種進項，並照着需要規定各物相關的價值，使相調劑。　但是付出時如果用一種實在的現金，一人或將把這種東西儲藏起來，歷時既久，就變成資本家。　要阻止這樁事的發生，最好付給一種證劵，只於一定期限之內有効，例如從證劵發出之日起，以一年為有効期限。

這種方法能使一個人儲蓄證劵爲過年節之用，但不能夠永久存儲。

無政府主義者的計畫是，凡日常生活品和一切很容易產出的無論如何足可應需各種物品，都無須收價，自由給予一般要求這些物品的人，至於分量的多寡，也不加限制：現在要批評這種計畫，議論是很長的。　據我的意見，這種計畫是否應當採用，純粹是一個技術上的問題：採用這種計畫對於必需品的生產，在事實上能夠不浪費有用的勞力麼？　我沒有法子回答這個問題，但我以爲因生產方法繼續改良，無政府主義者這種計畫遲早將可以適用；當他可以適用的時候，固然就應當採用。

在家中做事的婦女，無論已嫁未嫁，將得到報酬，恰和他們在工業中作工一樣。　這種方法將使爲人之妻的人，在經濟上得完全獨立，這樁事是用別種方法所難成功的，因爲有小孩子的婦女不應期其做家庭以外的工作。

小孩子的費用將不和現在一樣由父母擔任。　小孩子和成年人一樣，都可取得他們所應得的必需品，他們的教育是不收費的。　(原註)有些人或怕這種結果定使人口有一不種適當的增加，但我以爲這樣的恐懼是無理由的。 參看本書第四章『工作和報酬』。 又可參看『社會改造之原理』的第六章。 在一班能力更大的兒童中，將不復和現在一樣，因想得學校津貼而起競爭：任教育的人將不把他們從小便養成一種競爭的精神，也將不强迫他們使用腦力，用到一種不自然的程度，致使後半生精神疲敝，體質衰弱。 教育的分類將遠過於現在；此後當更加注意，使教育適合於性分不同的青年之需要。 對於初學的青年學生，將努力獎勵他們的創造，不復想把國家所好的許多信條和智識上的慣例去灌入他們腦筋中，國家好把這些東西印入青年腦筋中的主因，就在這些東西能夠帮助維持社會的現狀。 對於大部分的小孩子，或將覺得須有更多的鄉村中的戶外教育。 至對於一般覺得學術或美術無趣味之年長的男女孩子，一種具有自由精神的技術教育，於啓發他們心智上的活動，比較書本上的知識當更加有益，因爲他們以爲（無論如何不眞）這種書本上的知識除掉用作達到考試之目的外，完全是沒有用的。 眞正有用的教育是在能隨兒童本能上興味的趨勢爲轉移，能供給他以他所要求的知識，不在供給他以一種乾燥無味而又和他的自然意志完全無關係的知識。

在我們的社會中，政府和法律將仍是存在的，不過二者的權力都將降至最小限能了。被禁止的行動將仍有的——例如暗殺之類。 但是刑法中關於保護財產的部分差不多全體將成廢物，而現在發生暗殺的種種動機有許多將不復出現。 那些仍舊犯罪的人將不被視為壞人；將被視為一種不幸的人，他們將被關在一種治心病的病院中，等到大家承認他們不復為一種危險為止。 犯罪的行為，藉教育，自由，和剷除私有資本之力，能減至極少的數目。 凡待遇一個犯罪的人，應用一種個人療治法，除掉瘋癲和心志薄弱的人外，此法大概可使一個人第一次的犯罪行為，就是他末次的犯罪行為；至對於瘋癲和心志薄弱的人自然要有一種長期的拘留。

政府可以看做由兩部分成立的：一部分是社會或其所承認的各種機關之各種決議；他部分是對於反對這種決議的人加以壓力使之遵從。 無政府主義者對於第一部分並不反對。 而在一個平常的文明國家中，第二部分也可完全不表現出來；當一種新法律正在討論時持反對論的人，到了這種法律通過之後，大概就將服從，因為在一個安定有秩序的社會中，抵抗法律多半是無效的。 但是政府用武力之可能仍然存在，並就是使大家服從之眞正的原因，因服從而武力便無用了。　如果像無政府主義者所必想的一樣，政府無須使用武力，大多數人仍能夠結合攏來，用武力驅逐少數人。　他們的軍隊或警察的武力與政府武力唯一不同之點就是，他們以武力是有特別目的，並不是永久的和專業的。　然此事的結果將使人人須練習戰術，因恐訓練純熟的少數人將襲據國家權力，組織一種舊式專制政治的國家。　照這樣看起來，無政府主義者的目的似乎不能夠用他們所主張的方法實現出來。

如我們所見的不錯，則阻止國內或國外人事中所出現的暴力，只有依賴一種能夠宣布使用各種武力，並且能夠壓服各種武力的權力，不過這種權力也有限制，當自己行爲不法之時，無力宣布使用各種武力，當對手方的武力是擁護自由，或抵抗强暴，得了輿論的贊助時他也無力壓服這種武力。　這樣的權力是存在一個地方裏的：他就是所謂國家。　但是在國際事務中，這種權力尚待創造。　創造這種權力的困難非常之大，但是要把世界從隔若干時一發，發時就必較前更慘烈的戰爭中拯救出來，不可不將這些困難設法除去。　此次大戰之後，國際聯盟是否可以告成，是否能履行這種任務，現在尚不能預先言明。　然不管此事的成敗如何，在我們的烏托邦能夠出現之前，一種防止戰爭的方法，是必須創造出來的。人類但一相信世界是免掉戰爭而得安的，全部困難將都解決：那時解散各國海陸軍隊，另代以一種小小的國際武力以爲防禦各未開化的民族之用，這樁事將不復遇着很重大的阻力。一到這種時期，實際的和平就將確定了。

大多數人專政的政府是無政府主義者所指摘的，在實際上，這種政府實不免爲他們大部分的反對論所言中。還有一樁更可反對的事，就是行政部對於關係全體人民幸福事件所具的權力，如媾和及宣戰之類。但這兩樁事都是不能夠驟然不要的。然有兩種方法可以減少他們所弄出的損害：(一)大多數人專政的政府可用轉落他的權力之法，去減少他的壓迫，凡只和社會中一部分人有重要關係的問題，當由那一部分人議決，不由一個中央議院議決。因此一般人民不復被迫服從那些多半不知道事件內容與不和這種事件有直接利害關係的人倉卒所通過的決議。內部事件的自決權不獨應當給予各地方，並且應當給予各團體，如各工業或教會之類，因爲這些團體有重要的共利害關係，是和社會中他部分無關係的。(二)近世國家行政部所以得到狠大的權力，大概是由於敏捷的決斷之必要，而關於外交事件這種決斷尤非常重要。　如果戰爭危險在實際上不復存在了，那麼，較繁重又較少專制的方法一定可以實行，而立法部或可以恢復好些被行政部奪去的權力。　用以上兩個法子，政府對於人民自由的嚴厲干涉能夠逐漸減少。　有種干涉；甚至於有種未有保證和強暴的干涉之危險原是政府的本質，政府一日存在，這種干涉也一日不會消滅。　但是非到人類橫暴的傾向比現在減少了，政府一點子武力，似乎還是兩種壞處中的較小一個。　然戰爭的危險一經告終了，我們可希望人類橫暴的衝動，將漸次不大發現，當大大地減少那種使政府當局因壓服反對者不惜流於任何種專制行動的個人權力之事，能夠見諸實行，這種衝動將愈加減少了。　雖政府的武力(除掉防禦瘋癲外)也成為無用的東西，這種世界的發展必是漸漸而然的。　以作一種逐漸發達的歷程，這個是十分可能的；當這種歷程已經完成，我們便可望看見無政府主義的原則實行於公共事務的管理中。

我們已約略說明的政治和經濟制度，對於性格的惡，將發生一種如何的效果呢？　我相信他的效果是非常有益的。

引導人類的思想離開使用武力一途，這樁事的進行因剷除資本主義的制度，將愈迅速，不過繼承這種制度的要不是那種使官吏具有絕大權力的國家社會主義才成。現在資本家支配別人生命的權限比無論何人所應有的權限還大；他們的朋友在國內有權力；他們經濟上的勢力就是政治上勢力的榜樣。在一個男女享有經濟自由世界中，將沒有這樣命令的習慣。因此；也將沒有這樣喜歡專制的心理；而一種比現在人性更柔和的性情將逐漸陶養出來。人類是由環境造成的，不是生下來就是這樣或那樣的。現在經濟制度對於人性之惡影響，和要由共產制期望的極好的影響，實屬主張改革最強固的理由。

在我們所想像的世界中，經濟上的恐慌和大部分經濟上的希望，將一樣地不復存在，沒有一個人將為貧窮的恐懼念頭所煩擾，沒有一個人將為發財的希望所驅策，而發出殘忍的行動。在現在的生活中，社會階級的分別關係非常重大，到了將來就沒有這種分別了。凡不成功的專業家將不致在恐怖中生活，怕他的子孫要陷於苦境；一個渴想作工的人將不復汲汲盼望他也輸到爲僱主。　懷抱野心的青年，將須作別種幻想，不復再做使競爭失敗和勞動界墮落來成就自己發財事業的夢了。　在這樣的世界中，伏在人心中的夢魔之大部分將不復存在了；反之，人類的野心和好勝心所表現出來的形態，比較一個商業社會鼓勵他們所表現出來的，將更加高尙。　所以眞正有益於人類的各種活動，不獨對於少數氣運好的人是公開的，對於一般有野心和能力的人都是公開的。　凡科學，節省勞力的發明，以及各種技術上的進步，一定可希望遠勝於現在，因爲這些東西就是走向榮譽的旅路，而在一般志在有所成就的青年中，榮譽將要代替金錢。　至於美術在一個社會之中是否能夠發達，全靠所採的是一種什麼樣子的社會主義；如果國家或任何公共機關(不論什麼機關)主張管理藝術，並且主張只對於他所認爲造詣狠深的人就予以特許權，此事的結果一定是不幸的。　但是如是有一種眞正的自由，允許每個願意從事美術事業的人，甯甘犧牲一點快樂，去研究這種東西，那麼希望心和不受經濟的壓迫這兩點將使浪費才能之事，比在我們的現制度中要少得多，並且將使因生存競爭而壓制衝動之事，也要少得多。

當多數人初等的需要已經滿足之時，他們眞正的快樂就在兩樁事上面：他們工作和他們的人間關係。在我們所描寫的世界中，工作是自由的，不至於過度的，凡進步迅速的集合企業雖位置最低的單位也有創造的快樂，這種企業所有的樂趣一定充滿於將來的工作中。在人間的關係上利益將與在工作上恰恰是一樣大的。唯一有價值的人間關係，是以彼此自由爲根據的，既沒有壓制，也沒有屈服，除掉愛情之外，沒有互相維繫之物，當內部的精神關係已經斷絕之時，也沒有經濟上或習俗上的必要，去保持外表的形式。商業制度遺害於男女間的關係，是他所產出的最可恐怖事件中之一種。賣淫的壞處是普通所承認的，但是據我看起來，這種壞處雖大，然經濟上的情形及於婚姻的影響簡直更加利害。婚姻上常常有一種賣買的暗示，以某種程度的物質上之愉快供養伊爲條件獲得一個婦人的暗示。婚姻關係除掉更難脫逃外，和賣淫行爲常常是沒有區別的。這些壞處之全基礎都在經濟。經濟的原因使婚姻成爲一種買賣的事件，在這種婚姻裏愛情完全居於附屬地位，沒有愛情，也不能構成解放之公認的理由。婚姻應當是男女彼此本能的自由的自發的結合，充滿以幸福，而又不雜以一種近於敬畏的感情：婚姻應當具有那種彼此互相尊重的意思，足令稍微干涉自由之事，也是絕對不可能的，足令一方面違反他方面意志的强迫共通生活成爲一種不可設想之極可迫的事件。　這種婚姻不是訂婚約的律師所想到的，也不是對於一種假裝在一個法定丈夫的獸慾或昏暴中覺爲莊嚴的法式，而予以『聖典』(Sacrament) 名稱的牧師所念及的。現在大多數男女所想念的婚姻幷不照着一種自由的精神：現在的法律使干涉自由的意志得一種盡量發揮的機會，男女因喜歡斷絕彼此的自由，遂使各人都失去自己一部分的自由。　而私有財產制的空氣使婚姻更不容易發生一種優美的理想。

當經濟上的奴役之惡遺傳不復能鑄造我們本能時，大家所懷想的人間關係將不和現在一樣。　夫妻親子的關係將單由愛情結合：愛情斷絕，便可認這種關係無復保存的價值。因爲愛情是要自由的，凡男女在私人生活中，將不致有引導喜歡專制的心理之路途與刺激，但凡他們愛情上有創造性的東西，都將有更自由的發展之地。　凡尊重被愛者心神之事將不和現在一樣不可多見：現今許多人愛他們的妻子和他們愛羊肉一般。　只當作一件吃嚼蹧蹋的東西。 但是在一種具有尊重意味的愛情中，有一種快樂同帶着專制意味的愛情中任何種快樂迥然不相同，這種快樂不獨使一個人的本能滿足，並且使他的精神滿足：本能和精神的一齊滿足，是一種快活的生涯所必需的，也是眞正發揚男女最好的衝動之生活所必需的。

在我們所願意看見的世界中，生活的快樂將比近世日常生活所演悲劇中所有的快樂多得多。 就現時情狀講起來，大多數人一過了幼年時代，便有一種預先籌謀生活的思想撓着心頭，爲此低頭不復能有一種心神泰然的歡樂，只有一種按時的强樂罷了。 『變成小孩子一樣』(To become as little children) 這句箴言在好些方面對於許多人最有益的，但是和他相似的還有一句，就是『不要想及明天的事』(Take no thought for the morrow)，在一個競爭的世界中，這種規則是不容易遵守的。 凡科學家就是到了老年，常還具有幾分小孩子似的天眞爛熳的樣子：他們因一心注意於抽象的思想，遂得和世俗分離，世人因尊重他們的事業遂供養他們，初不因他們不諳世故，加以欺凌。 這種人是已作成凡人類都應當能有的生活；但是在現今的情形中，因經濟上的競爭遂使他們的生活方法為大多數所不能企及。

末了，我們對於我們所設想的世界及於物質的惡之效果將怎樣說呢？　將來的疾病將比較現在少些麼？　將來一定分量的勞力所生產的物品將比現在多些麼？　或是將來的人口將超過生活必需品限度之上，和馬爾塞斯（Malthus）與葛德文（Godwin）之樂觀主義所說的一樣麼？

我想這些問題的回答在結局上只靠掃除了經濟競爭的刺激物之社會在智識上努力之程度如何。　在這種世界中人類將流於懶惰和冷淡麼？　他們將不復運用他們的思想麼？　那些運用思想的人將覺得遇着保守主義牢不可破的壁壘，比較現在擋着他們的壁壘還更難穿過麼？　這些都是重要的問題；因為人類要制勝物質的惡，終久必須借助於科學。

我們前所假定別的許多條件如果能夠實現，將來的疾病似乎比現在要少些。　一般人民將不復密集於陋巷之中；小孩子將得到充分的新鮮空氣和野外運動；作工的時間將以適合衞生為止，必不和現在一樣一直做到精疲力竭。

講到科學的進步，全靠新社會中智識上自由的程度如何而決定。如果各種科學都受國家的指導和監督，他不久將變成版滯的和枯萎的東西。科學中根本上的進步將不能實現，因爲當這種進步尚未實現之時，他的效果似乎可疑，好像不能補償公家因他所耗的款項。關於監督科學上的權力將操於老年人的手中，尤其將操於一班科學上素著名譽之人的手中；這種對於青年中那些不用表同意於他們的學說去諂媚他們的人，將抱一種仇視的意思。在一種官僚制的國家社會主義之下，恐怕科學將即刻歸於停滯，不復進步，並且得一種中古式的對於權勢的尊敬。

但是在一種較爲自由的制度之下，在一種能使各種團體隨意任用多少科學家，並且對於那些願意研究一種完全未通行的新學問之人，肯許予以『遊民工錢』(Vagabond's wage) 的制度之下，科學之發達，定爲從來所未有，這樣想法是很有理的。(原註)參看本書第七章討中論這種問題的議論。如果這個能辦到，我想信對於我們的制度中物質上的可能，必定沒有什麼別的阻礙。

對於生產使大家享受物質上的安樂所必須的工作時間之數目，這個問題一半是屬於技術方面的，一半是屬於組織方面的。　我們可以大膽說，將來一定沒有不生產的勞力，如製造軍器，籌畫國防，散佈廣告，製造富人的奢侈品，以及附着我們的競爭制度而起的別種無用物品之類。　每個工業行會對於他所發明的新物品或他所引用的新法子如果能夠享有全部或一部的專利特權至若干年之久，則大家對於技術的進步，必竭力獎勵，這是一定的。　一個發見家或發明家的生涯是狠有趣味的：就現在的情形而論，一般操這種生涯的人大概不起於經濟上的動機，多由於他們的富於趣味，而他們心中又存有一種享榮譽的希望；這種動機在將來必比現時更加發達，因爲沒有幾個人會再被經濟上的必要所遏制不能從心所欲。　在一個世界中，如果人類的本能不和現在一樣橫被阻遏，他們生活上的快愉更大，他們的生氣也因此更旺盛，那麽，他們才智一定更銳敏，更富於創造力，這是毫無疑義的。

現在還剩了一個人口問題要討論，自從馬爾塞斯的時代以來，這個問題就是一般不表同意於一個更好的世界可能之人最後的護符。　但是現在這個問題和百年以前大不相同了。

在各文明國中，人口的出生率逐漸下降，這種趨勢無論採一種什麼經濟制度，一定是會繼續下去的，有了這種趨勢，又加以戰爭的影響，則西歐人口似乎不致十分超過現在的等級以上，而美國人口之增加似乎只由於移民的關係。 在熱帶地方之黑種人之人口或將繼續增加，但是這樁事對於溫帶地方的白種居民未必是一種狠重大的恫嚇。 自然還有黃禍；但是在亞洲的各民族中，當人口問題開始變成重大問題的時候，人口出生率也將逐漸下降。 如果不是這樣，也有別的方法來解決這個問題；無論如何，要慎重的把這件事當作我們的希望之障礙物，實未免太武斷。我的結論是，我們對於人口問題雖不能有一種確實的先見，然以人口可能的增加當作社會主義重大的阻力，實無妥當的理由。

我們所討論的事件已經使我們相信構成社會主義和無政府共產主義的特別教義之土地和資本共有制對於除去現今世界所受的惡，和創造各仁人君子所願意實現的社會，是一種必要的步驟。 但這種步驟雖是必要的，然單靠社會主義是決不夠用的。 社會主義有種種樣子

：那種以國家爲雇主而使作工的人領受工錢的社會主義，實含有專制和阻礙進步的危險，這種危險能力所及之處，甚至於使國家比現制度還要壞些。反之，無政府主義雖免去了國家社會主義的危險，他自己也有種種危險和困難，因此在一種相當的時期中，他就是見諸實行了，恐怕也難得長久。然這種主義是我們願意極力趨近的一種理想，我們希望在一個久遠的時期中，能夠完全達到他的面前。工團主義也有無政府主義的許多缺點，他和無政府主義一樣，現在都是不穩固的，因爲他如得勢，一定卽刻自覺得一種中央政府是必要的。

我們所已主張的制度，是一種行會社會主義，傾向無政府主義的程度或更較正式行會人所完全認可的爲甚。一班政治家通常所忽略的事件——科學，美術，人間的關係，和生活的愉悅——是無政府主義所極力注重的，我們多少加入無政府主義的提議，如「遊民工錢」之類，主要的緣故就是爲這些事件。凡對於一種社會制度，至少應當以他在經濟及政治以外的效果，和他在經濟及政治以內的效果，同時並重，加以評判。假如社會主義一朝實現，大家重視並且自願從事於非經濟的事業，才見得有益。

我們必須要求的世界，是在這種世界中人類創造的精神是活潑潑的，他們的生活是一種富於快樂和希望之進取的生活，而這種進取心是基於建設的衝動，不是基於保持自己所有物或襲取別人所有物之欲望。在這種世界裏面，必然情感有自由動作之餘地，愛情不含喜歡攬權之本能的，而幸福和創造生活，予生活以智識上樂趣之種種的本能自由發達，是已經除了殘暴和嫉妒之心的。這樣的世界是可能的；只待人類願意去創造，他就會出現。

這時中我們所生存之世界有別種目的。但他定將焚化消滅在他自己熱烈的慾火中；從他的灰燼裏，將生出一個富於新鮮希望，晨光滿目的新的青年的世界。

中華民國九年十一月初版
（新青年叢書第五種）

到自由之路

定價大洋五角

著者　英國羅素
譯者　李季　黃凌霜　雁冰
出版者　新青年社　上海法大馬路大自鳴鐘對門
印刷者　華豐印刷所　上海英租界浙江路三十號